「沖縄のこころ」への旅

「沖縄」を書き続けた一記者の軌跡

元・朝日新聞論説委員
稲垣 忠
Inagaki Tadashi

高文研

目次

装丁　商業デザインセンター・松田礼一

「旅」のはじめに

✣「県」は使わぬ

たぶん、日本の「本土人」には、実感をともなっての理解を、なかなかいただけないかもしれない。そんな話から始めたいと思う。

私の目の前に、三枚の名刺がある。沖縄に関わった二十余年の間にいただいた数多くの名刺の中でも、強く印象に残った方々のものだ。

「沖縄・佐敷町×××」

住所に「沖縄県」とは刷られていなかった。最初は、県の字を省略して代わりに「・」にしたのだろうと思ったが、念のために、「どうしてですか」とたずねた。穏やかな表情を崩さないままに、答えが返ってきた。

「どうしても、ヤマトの『県』は使えなくてね」

若くして沖縄キリスト教短大学長を務めた牧師、平良修《たいら》さん（一九三二年生まれ）との出会いであった。朝日新聞全国版連載の「新人国記'85」の沖縄県編の取材にうかがった。タイトル通りの一九八五年のことだ。

その記事はこんなふうにまとめた。「草の根の平和主義」との見出しをつけた文章の中である。

　ポツンと投げ込まれた小石が水面に波の輪を広げてゆくように、日本キリスト教団佐敷教会牧師平良修（五十三歳）の言葉は、米軍政の下で萎縮していた県民の心を揺さぶった。
三十四歳で沖縄キリスト教短大学長になった昭和四十一年の秋、絶対の権力者である第五代高等弁務官の就任式に立ち会った。ささげた祈りは、「神よ、願わくば新高等弁務官が最後の高等弁務官となり、沖縄が本来の正常な状態に回復されますように」。外電は世界をかけめぐった。英字紙は「政治的行為」と批判した。
「信仰は空白地帯でやるわけではない。政治が世の中を動かし、そのどろどろした社会の中での祈りが、時に政治的要素をおびるのは自然だ。人権が無視された沖縄社会の現状が許せないということが、神への信仰の告白だった」と語る。学生は拍手で迎えた。処分はなく、八年余、学長を務めたあと、サトウキビ畑にかこまれた沖縄本島南部の小さな教会から問いかけを続ける。

名刺の住所に「沖縄・佐敷町」とある。著述の際も、「県」は使わない。「本土と格段に違う基地の重圧を押しつけた本土復帰。その代償で生まれた『県』を認めるのは、魂まで平定されたことになるから」。

税金から軍事費分を差し引けと主張する「沖縄良心的軍事費拒否の会」の会長をして十年。三年前にできた「一坪反戦地主会」の代表世話人の一人でもある。会の活動を、「きりりと主体的で、そこには山椒《さんしょ》の小気味よさがある」という。

宮古島の平良《ひらら》市出身。負けてたまるか、の宮古人のアララガマ精神が静かな口調の裏にある。

（敬称略）

午後の教会の静寂さにしみ入るような平良さんの言葉に、私は思わず平良さんの口元を眺め続けた。だが、「高等弁務官を最後の人に」と祈り、「ヤマト政府」をも否定するかのような発言をする、その強固な信念がどこから生まれて来るのか、とインタビュー中ずっと考えた。

沖縄は、敗戦後日本から分離され、一九七二年の本土復帰まで二十七年間の長きにわたって米軍の軍政下に置かれた。民政長官と副長官の機能を併せ持つ高等弁務官制度を米国が設けたのは、五七年である。以後、六人の高等弁務官が統治したが、平良さんが就任式に臨んだのは六六年十一月、第五代のアンガー中将の時であった。

原稿で「絶対の権力者」と書いたが、高等弁務官の権限は強大だった。琉球政府の行政主席の任命権（六八年の公選制実現まで）や琉球上訴裁判所裁判官の任命権を持ち、刑の執行を延期・減刑・赦免する権限も与えられていた。さらに、琉球政府の立法に対する修正権や拒否権、琉球政府のすべての公務員に対する罷免権を有するなど、当時の琉球列島内では絶対的存在だったのである。

その高等弁務官就任式でのこのような「祈り」は、当時の沖縄の人々にとって、およそ考えられないものであり、反響の大きさが想像できるだろう。

平良さんを取材したノートを二十年ぶりに繰ってみた。「県」を使わぬ理由を記録したところに、大きめの赤いマル印があった。

「ウチナーンチュである人間が、日本国家によって尊厳が侵された。日本国家権力に組み込まれることを拒否する」

長年の本土政府の沖縄政策に対する異議申し立てそのものであり、決して揺らぐものではなかったのである。

✣「琉球弧」に「琉球国」

長く高校教諭の経験を持ち、現在、財団法人沖縄県文化振興会の主任専門員、高嶺朝誠《たかみね》さん（四九年生まれ）に二〇〇五年春、久しぶりにお会いした。「高良勉《たから》」の名で詩誌「ＫＡＮＡ」を主宰する詩人でもある。名刺に刷られた自宅の住所は、「琉球弧《こ》・南風原《はえばる》町×××」だ。

「琉球弧」という言葉は、「沖縄大百科事典」(沖縄タイムス刊)によると、もともと地理学上の呼称だったが、六〇年代はじめに作家の島尾敏雄さんが、文化的、思想的な概念を盛り込んだ。日本の歴史や文化はヤマト中心に画一化されてきたが、その裏側には見捨てられてきた東北や琉球弧の独自の歴史や文化がある。その意味を正当に位置づけることで、空間の広がりと時間の遡及を深めた「ヤポネシア」へ展開していけるとの発想だ。本土復帰運動の高まりの中でいっそう強まった奄美・沖縄諸島の中央志向に対する根底的な反省を促す思想として、この呼び方は特に両地域で大きな刺激となり、個人誌や機関誌の題名にも用いられた。

高嶺さんはいう。『沖縄県』は絶対に使いたくない。だが、『琉球』とすれば、奄美や宮古・八重山が抜ける。島尾さんのヤポネシア論に賛同して、『琉球弧』とした。琉舞師匠をしている妻は最初嫌がったが、今では夫婦ともこれでやっている」

もうお一人再会したのは、沖縄の経済的自立の必要性を訴える那覇市の一級建築士真喜志《まきし》好一さん(四三年生まれ)。沖縄キリスト教短大、佐敷町文化センター、佐喜眞《さきま》美術館、壷屋焼物博物館などの設計をした著名な建築家である。

その真喜志さんは、名刺の表に大きな活字で、「琉球国・建設親方」と刷り込む。

「親方」は沖縄語読みでは「ウェーカタ」。琉球王朝時代の位階名で、紫冠をつけることを許された高級官僚だ。真喜志さんは、普通の意味の「おやかた」と、この王朝時代の用法を兼ねたようだが、至極、大まじめである。

「十人いれば、十通りの理由があって、『沖縄県』を使わない。それぞれの価値観で、沖縄人を強調する。それは、沖縄の歴史からいってむしろ当然ではないか」と話す。

この三人以外にも、私が長年、知己を得ている元・沖縄タイムス会長で詩人の新川《あらかわ》明さんの名刺にも、「沖縄・西原町」。これまでいただいた多くの手紙類にもいっさい「県」の字を見たことがない。新川さんの基本的な姿勢は、「日本」と「沖縄」の相対化であり、沖縄人へ厳しく精神的な自立を求める。後の本文中に、新川さんは多く登場する。その意味を十分、お読みいただけたら、と思う。

✣重層、複雑なヒダ

「沖縄の心」とは何か。

「新人国記」の取材で、私が出した問いに答えて、当時の県知事・西銘《にしめ》順治さんは、「ヤマトンチュー（大和人）になりたくて、なり切れない心だろう」と語った。

かつての自民党田中派に所属し、戦後の沖縄政界で最強の「ドン」といってよい人の極めて文学的な表現である。その意味を巡って、県内外の沖縄県人で論議をかもしだした歴史的な発言となったのだが、これも日本本土への強烈な批判と沖縄人の屈折した思いの投影といえた。

私は長い沖縄とのご縁の間、そのような重層的で複雑なヒダがある「心」にしばしば直面せざるを得なかった。それは、ヤマトの人間として、生きざまを問われていると痛感させられることでもあった。

その私の関わりの軌跡、ヤマトの新聞記者が書いた「沖縄の心」を記録に残しておきたいと思った。記者は過去に書いた自分の記事に、弁解は許されないだろう。ありのままに、それらの記事を横糸として、時間の流れをたどりたい。

私が深い感動を覚えた詩の一部を、まず紹介する。沖縄が生んだ詩人・山之口貘《やまのぐちばく》の「会話」である。

お国は？　と女が言った
さて、僕の国はどこなんだか、とにかく僕は煙草に火をつけるんだが、刺青と蛇皮線などの連想を染めて、図案のやうな風俗をしてゐるあの僕の国か！
ずっとむかふ

（中略）

アネツタイ！　と女は言った
亜熱帯なんだが、僕の女よ、眼の前に見える亜熱帯が見えないのか！　この僕のやうに、

日本語の通じる日本人が、即ち亜熱帯に生れた僕らなんだと僕はおもふんだが、
酋長だの土人だの唐手だの泡盛だのゝ同義語でも眺めるかのやうに、世間の偏見達が
眺めるあの僕の国か！
赤道直下のあの近所

（『山之口貘詩文集』講談社文芸文庫から）

明治、大正、昭和を生きた（一九〇三―六三）詩人は、沖縄から上京する。女性は若い本土の娘である。「沖縄」や「琉球」の言葉をまったく使うことなく、「女」の一見無邪気な、そして無知が増幅させる、沖縄人への差別感を描き出した。同時に、詩人の怒りもまた、にじみ出る。

✣「県」を使う

そんな山之口貘は、本土復帰前のオキナワに便りを出す時、「全く素知らぬ顔で、沖縄県――と、宛先を書き出す」と、娘の泉さんは振り返る（思潮社刊『現代詩文庫　山之口貘詩集』の「解説　沖縄県と父・など」＝一九八七・一〇・五記述＝から）。

「沖縄は、ぼろぼろだ。もう、昔の面影は、全くない」と敗戦後の郷里の姿を慨嘆した詩人は、犠牲を強いた本土を怨嗟の念でみつめ直したことだろう。だが、そんな日本人に向かっての魂の叫びが、

ほかの四十六都道府県と同じ「日本の一部」としての確かな存在の主張だったのか。「解説」で、泉さんも「祖父母に年賀状を書く時に、見よう見まねで、たどたどしく、おきなわけんやえやまぐん――と宛名書きをした」といい、「そんな県などどこにもないと、学校の授業では教えられながら」と続けている。

さらに、泉さんは自分の学校時代の体験を記す。

「父が沖縄出身だと知ると、私の友人達の中には、『沖縄の人って、みんな英語をしゃべってるんでしょう』とか、『あなたって、ちっとも日本人と変わらないのね』とか、言う子などもいて、私を面食らわせた。何のことはない、東京の人の沖縄への関心度は『会話』のころから殆ど変わっていなかったのである」

この話を聞いた山之口貘は「ものすごく不機嫌」になったという。

「沖縄県」を使わぬ詩人、「沖縄県」を意識して使った詩人。より感性鋭い人たちの正反対の心である。その落差が物語る深淵を、少しでもヤマトに伝えたい、と筆を進めた。

＊

あなたが、「福岡生まれ」であったとして、いや、「青森生まれ」であったとして、生まれ故郷がトウキョウから遠く離れているからといって、人間としての差別感を感じさせられることがあっただろうか。

そんな問いが、この拙稿を書き綴る私の「心」の根っこにある。

（以下、本書で引用した記事は、年号表記、人物の年齢、肩書きなど当時のままである。）

第Ⅰ章 「寅さん」を眠らせた

「なぜ、寅がバスの中でただ一人居眠りをしていたのか、というのですか。そんな質問をした人は、あなたが初めてですよ」

山田洋次監督は、私の目に視線を合わせるようにしながら、おだやかに微笑んだ。東京・築地の松竹本社の一室である。「新聞社や雑誌の映画記者さんはむろん、評論家の人たちも、だれもその場面には関心を示しませんでしたね」と山田さんは続けた。

✣本土人への隔絶感

もう、二十年以上も前の一九八二年のことである。朝日新聞社はその八二年五月四日から三十回という長期連載の「新沖縄報告――復帰から十年」を全国版で紹介した。太平洋戦争の後、沖縄は二十七年間にわたる米軍の統治下にあったが、七二年五月十五日に日本本土に復帰した。十周年を迎えた沖縄の姿を、政治、経済、暮らしなどから多角的に報道するねらいである。

「新」と銘打ったのは、復帰前に朝日新聞社は「沖縄報告」と題した連載をしていたからだ。これは米軍統治下の一九六九年に大規模な記者団を沖縄に送り込み、過酷な圧政に苦しむ沖縄の現状を紹介したもので、大きな反響を呼び、「記念碑的なルポ」とも評された。「新沖縄報告」はその連載に続く形で復帰後、初の大型ルポであった。

取材班は、西部本社の担当デスク以下、社会部、経済部、通信部、写真部を中心に、東京本社の政治部、社会部からも記者が参加する計十人の大がかりなチームだった。私は企画・立案の総括役を務め、同時にキャップとして原稿の最終チェックを担当した。当然のことだが、ライターとしても取材に当たり、連載の初回と最終回を執筆した。

初回の内容を私は本土と沖縄の人々との「心の距離」を主テーマに書きたいと考えた。企画の事前取材で沖縄の各地を歩いたが、「日本の沖縄」になって十年が経過したとはいえ、人々は「日本人」、とくに「ヤマトンチュー」と方言で呼ぶ「本土人」に対して、違和感と拒絶の意識をもつことが少なくないことに衝撃を受けたからだった。

そういった隔絶感を生み出したものは何なのか。政治、経済などはむろん大切なテーマだが、沖縄人の心のヒダを描くことなしに沖縄問題を語っても、生み出すものは少ないだろうと痛感した。

私は初回のタイトルを「やっと来た寅」とし、見出しを「埋まらぬ心の距離」とつけた。登場人物は山田洋次監督と、後にノーベル賞を受けた作家の大江健三郎さんを中心に、後年、沖縄県知事となる大田昌秀国立琉球大学教授、沖縄で最初の芥川賞作家となった大城立裕さんを選んだ。それぞれ、「沖縄の心」と深いかかわりがある人である。

私が山田さんに聞いた「その場面」とは、二十七年間で延べ四十八作を数えた空前の人気映画「寅さん」シリーズの第二十五作「寅次郎ハイビスカスの花」で、主演の渥美清さんが演じた一コマだった。

寅さんが心を寄せる浅丘ルリ子さん演じる歌い手「リリー」が、仕事先の沖縄のヤンバル（本島北部の地）で急病になり入院したことを知って、寅さんは初めて沖縄に行く。那覇空港から路線バスで北部へ向かうが、国道58号の左右は途中、何度も巨大な米軍基地沿いを通ることになる。その空軍嘉手納基地の横を走っているとき、バスの上空を戦闘機の編隊や爆撃機がごう音とともに飛び去って行った。

が、寅さんはそれにまったく気づかず、ひたすら眠り続けていた。

私がこの映画を初めて見たのは、市中の封切館だった。このシリーズを楽しみにしている一人でもあったが、なによりも昔から浅丘ルリ子さんのファンだった。だが、映画を見終わって、何か違和感が残った。それが、この場面だった。後に、このことを山田さんに直接聞くことになろうとは夢にも思わなかった。

山田さんは、むろん、寅さんが「眠りこける」ようにする伏線を用意していた。それまでの映画で、寅さんは大の飛行機ぎらいになっている。好意を持つリリーの看病をすると意気込んでみたが、いざ羽田空港に着くと、乗るのはいやだとだだをこねる始末。やっと、那覇についたものの、乗り物酔いはひどい……と、観客は理解する仕掛けである。

いたずらっぽく、しかし、妙に力のこもった調子で、山田さんは私にこう説明したのである。

「何しろ、寅はバカですから」と。

その発言の前に、「青い空に青い海。キャンペーンガールを使って宣伝する航空会社にのせられて、沖縄はただひたすら遊ぶところと思ってやってくる本土の観光客がなんと多いことでしょう。沖縄戦のことも、米軍基地の被害に苦しむ沖縄の人々のことも、考えないバカな連中を苦々しく思っているんです」と、話していた。

「寅さんシリーズ」は九六年八月、渥美清さんが肺がんのため六十八歳で亡くなって幕を下ろした。四十九作目になる九七年正月用の「寅次郎花へんろ」（仮題）の製作準備中だった。遺作となった四十八作目は、鹿児島県奄美大島が舞台の「男はつらいよ・寅次郎紅の花」である。最後のマドンナとなったのは、奇しくも浅丘ルリ子さんだった。映画の中だけでなく、個人的にも渥美さんは浅丘さんがお気に入りだった、と山田さんから聞いた。

六九年の第一作を皮切りに、二十七年間で寅さんの未到達県は富山と高知の二県だけという。まさに、寅さんは映画史上に残る国民的人気者だった。撮影地としての誘致合戦も激しく、松竹本社は「年間二十件ほどの誘致の声が寄せられていた」と説明していた。

「寅次郎ハイビスカスの花」もご多分にもれず、沖縄からの熱烈な誘致の結果だったが、本土の場合とまったく異なった経緯があった。

✣「沖縄は日本ではないのか」

「やっと来た寅」の記事は、次のようにそのいきさつのエピソードから始まり、展開した。


「なぜ寅さんが沖縄に来ないのか」

紹介者もなく、松竹大船撮影所に訪ねてきた沖縄県マスコミ労協事務局長玉城真幸に、いきなり切り出されて、映画「男はつらいよ」の監督山田洋次は答えにつまった。一、二分の沈黙の間、二人の胸に、いろんな思いが浮かんでは消えた。

——義理と人情のしがらみに生きる寅。ぐだぐだ説教されると「そこまでいっちゃあ、おしめえよ」とタンカを切る寅。「日本人」そのものじゃないか。昭和四十四年に寅さんシリーズが始まって十年以上。沖縄が「日本の沖縄」になって何年たつというんだ。なぜ来ない。

——寅は私の原作・監督作品。沖縄を歩かせたい、とずっと考えてきた。しかし、寅を軽率に行かせる所じゃない、沖縄は。あの戦争中の地上戦の傷跡、現存する広大な米軍基地に目をつぶれない。が、どう描く。

「沖縄は遠い。たんに東京から千七百キロも飛行機で、という物理的な距離だけでなく……」。山田がポツリポツリつぎ足してゆく言葉に、玉城が声を強めて言った。

「そんなネクタイをしめた寅さんでなくていいじゃないですか。さりげなく歩いてくれるだけで、本土の人に沖縄が飛び込むのですから。そうでもしないと、沖縄と本土の距離は埋まりませんよ」

観客動員数のべ四千万人、来年の正月映画で三十作になる寅さんシリーズの二十五作目「寅次郎ハイビスカスの花」は、こうして一昨年の夏できた。

山田は「基地」を数カットで表現した。極東最大の嘉手納基地の金網ぞいに走る路線バス。その真上を米軍爆撃機、編隊を組む戦闘機、巨大な輸送機が、ごう音を立てて飛び去る。この間、バスの中の寅は、ひたすら眠り続けていた。

東京・築地の松竹本社で山田は「何しろ寅はバカですから」と語る。その話の前に「航空会社のキャンペーンに乗せられて、沖縄をひたすら遊ぶところと思う本土観光客のバカな連中が苦々しい」といった。

（敬称略。八二年五月四日付）

玉城さんは、有力地元紙・沖縄タイムスの記者で、後年、同社の総務局長も務めた。当時、朝日新聞那覇支局は沖縄タイムスビルの一室にあり、紙面作成の面でも現在まで続く協力関係にあった。連載の企画を立てるために、沖縄料理屋で泡盛を飲み交わしながら玉城さんから沖縄事情をうかがった。お互いに酔いが深まったとき、突然、玉城さんが「寅さんに沖縄を歩いてもらおうと、山田監督に会いに行ったことがあるんですよ」と切り出した。それから、長い時間、記事に書いた「いきさつ」を話したのである。

いかにも沖縄人らしい風貌の玉城さんは硬派の記者で知られていた。その人の口から、日本人そのものの寅さんにきてほしい、との熱望を聞かされて、私は背中に電流が走る思いだった。この複雑な思い、いいかえれば「日本」への屈折感とも言うべきものを、本土の人々にきちんと伝えなければならないと強く感じたからだった。

ざっくばらんな会話にするために、メモをとらずに話を聴く約束だった。ホテルに急いで戻った私は、酔いにかすむ頭で、ノートに玉城さんが思わずもらした言葉を書きなぐった。「沖縄は、日本じゃないのですか、と山田さんに言ったんですよ」

✣山田さんに「すごみ」

山田さんが映画で「米軍」を描いたのは、記事にあるようにごくごくわずかだった。だが、私は山田さんの確固とした信念、良心を印象づけられたのである。基地の重圧に苦しめられる沖縄の姿を、あなたたちは分かりますか。そう、観客に問いかけている。それを知らずに沖縄を歩くことは許されないのではないのか。そう、突きつけている。「人情娯楽映画」の鋭い刃だと、思った。

インタビューの最後に「これからどんな映画を撮りたいのですか」とぶしつけに聞いてみた。しばらく間があって、山田さんは「できれば、沖縄戦」といった。「ほんとうに難しいでしょうがね」と言葉を継いだ。さらに、笑顔で「沖縄の小さな離島を舞台に『老人と海』のような少年と老人の話をも」と語った。

それらは、まだ実現していない。が、近年、国内だけでなく欧米でも評価が高い「たそがれ清兵衛」「隠し剣　鬼の爪」といった山田作品には、下級武士の悲哀がにじむが、ただ、悲哀だけではない人間の生きざまのすごさがある。寅さんを「眠らせた」すごみを私は、ここでも想起したのである。

✣付き合い浅い

「やっときた寅」の記事は、こう締めくくった。

「本土の人に違和感を持つ」三五％、「アメリカ人に反発を感じる」一八％。最近、沖縄で発表された那覇市内の復帰世代の若者二千人への意識調査の結果である。

「何しろ、日本と付き合い出してわずか十年だから」と琉球大教授大田昌秀。「米人は初めから別物。だが、日本人とは一体感があるはずなのに、付き合ってみればどこか違うから」と、芥川賞作家大城立裕。二人とも「当然のことでなぜ驚く」と逆にいった。

×　×　×

復帰十年の沖縄。膨大な財投資金の流れ込みで、ひたすら「本土並み」をめざした歳月は、屈折の日々であった。社会構造や暮らし、そして人々の心も。そんな「日本の沖縄」の各地をわれわれは歩いた。（敬称略）

「新沖縄報告——復帰から十年」は、九六年朝日新聞社編『沖縄報告―復帰後一九八二〜一九九六』に三十回の全文が所収されているが、最初は八二年八月、朝日新聞西部本社のＰＲセンターが刊行した。社会部長名を使った「まえがき」は私が執筆し、次のように連載のねらいを説明した。

沖縄は、一九八二年五月一五日に、本土復帰十周年を迎えました。戦後二十七年間にわたる米軍施政権下のあとのその十年は、激動といってよい変化を沖縄社会にもたらしました。ドルから円へ、石油危機、海洋博。車も右側通行から左側通行へ。政治潮流も二代続いた革新から保守県政へと、大きなうねりをみせたのです。

変わらないものもありました。全国の米軍基地の五三％が、この小さな島に集中している現実です。その巨大な影が生活全般を覆う中で、「第一次沖縄振興開発計画」が国、県の手で進められました。投じられた財投資金は、一兆三千億円を超えます。そして今、新しいこれからの十年を見通した第二次振興計画が緒についたばかりです。

朝日新聞社は、五月四日付朝刊から「五・十五」をはさんで、三十回にわたる「新沖縄報告――復帰から十年」を連載し、そんな沖縄の政治、経済、暮らしの現状を全国に紹介しました。「本土政府の沖縄政策の核心は、基地を安全に、しかも安心して使えるようにしておくことだ」と分析し、これに反発を感じながらも、金縛りになって、結局はそれに従わざるを得ない沖縄の苦悩を多角的に検証しました。

本土との心の距離も、関心の深い問題でした。沖縄では「一六〇九年」、つまり薩摩が琉球に侵攻した年を、特別な思いを込めて語られます。薩摩の圧政――明治政府の琉球処分――本土防衛の防波堤とされた沖縄地上戦――戦後の米軍支配――基地付きの復帰と、「押しつけられた沖縄の運命」の系譜の始まりだ、というわけです。復帰十年たっても、本土への屈折した思いが根強く残っている意味を、本土の読者の方々に、どうしても知ってもらおうと努力しました。

この「一六〇九年」という年、「押しつけられた運命」という言葉は、以後も、沖縄報道に関わる際にしばしば耳にすることになる。この本の原稿を執筆している今年（二〇〇五年）で平成の世も十七年となり、本土復帰から三十三年、そして戦後六十年の節目を迎えても、なお沖縄を語るキーワードであることに変わりはないとの思いを強くする。

第Ⅱ章

大江さんと「畏怖する」詩人

沖縄を語るとき、最初に浮かぶ本土の文化人は作家・大江健三郎さんではないだろうか。いま六十歳代以上の人たちを中心に、若いころ、沖縄について論述するこの人の文章に知的関心を呼び起こされ、考え方や生き方に影響を受けた人が少なくないだろう。

八二年五月四日付「新沖縄報告──復帰から十年」第一回の「やっと来た寅」の記事で、山田洋次さんに続いて、大江さんをこのように取り上げた。

作家・大江健三郎は、ことし二月、十年ぶりに沖縄で講演した。復帰前、沖縄各地を歩き、雑誌『世界』での「沖縄ノート」などで、日本国民や文学者の沖縄への責任を追及する作品を次々と発表、大きな影響を与えた。その大江がこの十年、沖縄の状況を語らず、書かずでやってきた。

「沖縄の現状を考えると、いつも、つらい気持ちになるんです。私が生きてゆく上での心の重し、とでも言うのでしょうか」。東京・成城の自宅で、慎重に言葉を選びながら、大江は語る。

一つの痛みがある。復帰直前、大江は本土の政治学者らと沖縄の「非軍事化構想」を発表した。「基地を沖縄の人に背負わせたままでは、本土の人は頭を上げて生きてゆくことはできぬ」と考えたからだ。だが、それは夢物語となった。

「あの問題をどう思うか」、と数年前、沖縄の総合雑誌からアンケートが来た。「沖縄」からの本土文化人への責任追及と思った。しかし、回答を出さなかった。「目標が実現していない以上、何と答えればいいのか」

大江は、復帰後、しばらくメキシコ生活を送った。

「日本―沖縄、アメリカ―メキシコ、の図式で文化を考えたかった」からだ。

広島やヨーロッパの反核集会に積極的に出向き、核戦争の恐怖を訴えた。「いつも〝核のある沖縄〟が頭の中で大きな存在を占めていた」

講演会は国際交流がテーマだった。しかし、大江は沖縄への思いを語った。

「沖縄を知って二つが変わった。文学と私の生き方そのものだ」（敬称略）

成城の自宅に迎えてくれた大江さんは、私を二階への階段のすぐそばの小さな部屋に案内した。テーブルを挟んで、ごくごく近い間合いだった。おおよそ二時間、大江さんは文学者らしい言葉選びの慎重さで、沖縄への思いを語った。私の質問は、記事中に「生きてゆく上での心の重し」とまで大江さんが語ったと紹介したように、大江さんの痛みを誘うはずのテーマもあった。だが、大江さんは一つひとつ丁寧に応じた。誠実さそのものの姿だった。

✣忘れられない男

私がたずねたかった主眼は、沖縄の本土復帰が実現した七二年からの十年間、自ら選んだ沖縄との断絶の実相だった。

これには、沖縄の一人の新聞人の存在が大きく投影していたのである。記事に書いた「沖縄」からの本土文化人への責任追及、をした人であり、大江さんと浅からぬ縁を持つ人だった。沖縄タイムスの記者から編集局長、社長、会長を歴任した新川《あらかわ》明さんである。

大江さんは、新川さんを「忘れられない詩人」と呼んだ。二人の交流について描いてみたい――記者生活の中で、その思いに私は長く捉えられていた。

のちに論説委員になったとき、戦後五十年を翌年に控えて朝日新聞はシリーズで社説を展開した。「戦後50年　明日を求めて」とのタイトルで、戦後の日本の歩みを振り返ると共に、その結果到達した「現在」から、未来になにを想像するか、というものである。その内の一本の執筆を担当した私は迷うことなく、「沖縄問題」をテーマにした。

「沖縄が問う『本土』の責任」（九四年十月三十日付）である。新川さんという人物の生きざまを追いつつ、「日本本土」の、「本土人」の、ありようがいかに身勝手なものかを書きたかったのである。そして、この舞台に、沖縄問題を極めて真摯に考えた大江さんを登場させ、新川さんとの強い精神的結びつきに触れることを記事の核心とした。

ノーベル文学賞に決まった大江健三郎さんが十数年前、こう語るのを聞いた。

「沖縄を知ってから、二つが変わった。私の文学と、私の生き方そのものだ」

その大江さんが、沖縄を考える際に畏怖《いふ》の思いを起こさせる男がいる、と著作『沖縄ノート』に書いている。

詩人であり、沖縄タイムス現会長の新川明さん（六十二歳）のことだ。

日本が米国と軍事・政治両面での関係強化を決めた「六〇年安保」の年に、大阪で小さな詩画集が出た。

表題は『おきなわ』。沖縄が日本の施政権から切り離され、米軍の軍政下にあった時代である。

当時、関西支社の記者だった新川さんが、詩を書いた。

「古里に住めないぼくたちは

祖国の街角に立って
猛け猛けしい鷹になり
南の空を睨む」

「序章」の一節だ。版画を彫ったのは、いまも大阪に住み、沖縄戦を描き続ける儀間《ぎま》比呂志さん（七十一歳）である。琉球舞踊を舞う女性の上空を、米軍の戦闘機の編隊が飛ぶ図が描かれていた。他の詩も異民族支配を受ける苦悩で満ちていた。三百部を自費出版した。売れたのは二十九部だった。

「祖国」から「異郷」へ

詩画集は、一九七二年の本土復帰を挟んで二十三年後に、東京の出版社から再び世に出た。しかし、「祖国の街角に立って」は、「異郷の街角に立って」となり、表題も『日本が見える』と変わっていた。

「祖国」を「異郷」としたのは、「日本を国家として相対視したかったのだ」と新川さんはいう。独自文化を持つ沖縄を日本に対置させ、本土を突き放して見る目と変わったのだ。そこにあるのは、本土への深い隔絶感といってよい。

沖縄の戦後五十年は、まず、「アメリカ世《ゆー》」の二十七年間がある。「若いころの思い出は、いつも米軍、そして具体的な存在としての米兵がからんでいる」と、新川さんは振り返る。

コザ高校は沖縄最大の基地の街・沖縄市にある。ここで寮生活を送った。夜間によく寮生へ非常呼集がかかった。米兵が校内に侵入したため、女子寮の警護にいけ、との指示だ。スポーツ大会で帰りが夜になったときは、女生徒を中に包み込むように隊列を組み、何キロも歩いた。

五〇年に、米軍の手で創立されたばかりの琉球大に入った。まもなく、朝鮮戦争が起き、沖縄からの出撃が激増した。

二年後、日本はサンフランシスコ平和条約で独立した。だが、沖縄は本土と分離され，米軍統治の継続が決定した。米軍は基地拡大と永久保持を図り、住民の土地を強制的に取り上げた。反対運動は弾圧され、「暗黒時代」といわれる日々が続いた。

「ボクらの主人面をして　島をのし歩く　白い人種は　（略）　ボクらのことを　黄色人種（イエロー）　と呼ぶ」

友人と創刊した「琉大文学」に「有色人種抄」を書いた。「島ぐるみ闘争」といわれた空前の抵抗運動が起きた五六年である。米軍は、直ちに発売禁止にした。言論や出版の自由からは、ほど遠い時代だった。

こんな沖縄にとって本土は、新憲法で基本的人権が保障された平和国家として、きらきらした存在だった。

「本土へ赴任するために那覇の港を船出したとき、なんともいえない解放感で胸がいっぱいになった」

詩画集『おきなわ』は、沖縄の現状を伝え、なんとかしてほしいとの願いが込められていた。しかし、本土はよそよそしかった。そこでは安保闘争が盛り上がっていたが、日米関係を問う文化人と話しても、「沖縄」はすっぽり抜け落ちていた。「要するに、本土の人には、沖縄は関係ないのだ」と思い知らされた。

本土を拒絶するとき

沖縄に戻り、今度は石垣島に勤務した。離島のまた離島だが、豊かな文化、貧しくとも明るくおおらかな人々がいた。五年の生活で、生きるということは何なのかを教えられた気がした。土着への自信と言おうか、本土への思いが吹っ切れた。

沖縄返還が日米共同声明で合意され、七〇年秋に戦後初めて沖縄の代表を国会に送る国政参加選挙が予定された。

だが、本土復帰の形態は、県民の願いとかけ離れ、基地はそのままだった。「そんなことを決める国会に沖縄が加担することはない。選挙は拒否しよう」と連載記事や社外の集会で訴えた。

大江さんは、当時の新川さんについてこう書いている。

「僕が会った詩人は、日本を、日本人を拒絶しなければならないのだといった。……したたかな打撃としてのメッセージとして受け止めた」

詩画集が再版されたとき、復帰からすでに十年が経過していた。本土は基地の重圧を沖縄に負わせたままだった。もう「祖国」とは呼べなかった。本土の身勝手さがますますはっきりと見えた。

「沖縄学の父」とされる伊波普猷《いはふゆう》の研究者で、琉球大学教授の比屋根《ひやね》照夫さんは、「このような本土への揺れる心の軌跡は、沖縄戦と、それに続く戦後を生きてきた多くの沖縄の人々に共通する」と語る。

歴史的には、明治政府が琉球王国を消滅させた「琉球処分」以来、徹底した皇民化教育を受け、懸命に本土に同化しようとしたのに、一方ではあからさまに差別された。沖縄の人々は、その両極で揺れ続けてきた。

埋まらぬ意識の落差

宝珠山《ほうしゆやま》昇防衛施設庁長官が九月に「沖縄は基地と共生、共存を」と発言した。これを聞いた沖縄の人々は激しく反発した。

基地を語ることが沖縄戦のすべての記憶にそのまま結びつく現地と、基地の経済効果をことさら強調する政府との意識の落差。しかも、官僚がそれを公然と口にするようになったことが、やりきれない気持ちを増幅させたのであろう。

沖縄戦の記憶とは、本土の防波堤にさせられ、「鉄の暴風」とたとえられた砲弾そそぐ地上戦で、多数の県民の命が奪われたという事実である。ふだんは表に出なくても、本土のご都合主義とも言える発言には、一挙に噴出する。

「本土人よ、基地に代表される沖縄問題は、実はあなたたちの問題ではないか」と新川さんはいう。基地問題とは、平和の追求の問題であろう。本土でも差別の問題をさまざまな形で抱えている。そうした自らの課題に真剣に取り組むことが、「沖縄」と根っこでつながるというのだ。

沖縄からの問いかけは続く。

✣「共感」と「切り結び」

先に私は、大江さんと新川さんの二人について、「強い精神的結びつき」と書いたが、もう少し、言葉を継ぐ必要があろう。それは、「共感」とともに、「切り結ぶ」という激しさではないかと思っている。

しばらく、二人の著作からその軌跡をたどりたい。

沖縄について数多くの作品を書いた大江さんだが、『沖縄経験　大江健三郎同時代論集4』（岩波書店刊）が詳しい。その冒頭の「沖縄の戦後世代」は、沖縄が本土復帰する七年前の六五年に書かれたものだが、かつて激しく米軍統治に反発した琉球大学の学生と、もはや閉塞状態となっている学生運動の間を埋める世代はどのような戦後世代かという関心を大江さんは持ち、「三人の青年」に会う。その一人が新川さんだった。

新川さんたちが米軍の手で創設された琉大の学生の当時、「学生運動をすることは将来の出世コースであった米国留学への道が閉ざされることを意味した」と大江さんは書く。

だが、大江さんは「（エスカレーター・コースからはずされた）かれらはノイローゼになやまされて地方に隠栖しているのでもなかった」とし、「かれらのひとりは、沖縄本島から四五〇キロも離れた石垣島に追放されていたが、しかも地道に仕事をつづけている不屈のタイプだった」と紹介した。

そして、後の『沖縄ノート』で、「僕に畏怖の思いをおこさせる」と書く新川さんのことを、「かつて琉球大学の学生運動の本拠であった『琉大文学』に属する詩人」と表現した。社説でも紹介した新川さんの『有色人種抄』という詩を「戦闘的な」と形容しつつ、こう引用して、感想を記述したのである。

「ボクらの皮膚は白ではない。
ぶよ　ぶよ　産毛の生えた　白　ではない。

太陽に灼かれ　台風に叩かれ
塩粒を含んだ南国の海風に曝された
底光りのする小麦色だ
だが　白い人種は
ぶよ　ぶよと産毛の生えた白い人種は
このボクらの主人公面をして　島をのし歩く
白い人種は

ボクらのことを　黄色人種（イエロー）　と呼ぶ
ボクらのことを　黄色人種（イエロー）　と呼ぶ

詩人は、白人たちに対して、自分はイエローで沢山だ、という。自分たちの《くずれぬ　拳の節くれだった美しさを知れ》という。そして駐留黒人兵にむかって、《この黒いキミたちと／黄色いボクら。／有色人種のキミたちとボクらだ》という言葉を、《そのようなキミたちとボクら。／ブラック・アンド・イエロー！》という言葉を捧げる。詩人はまた、悪しき黄色人種を告発し、自分が善き黄色人種であることに誇りを持っていることを主張する。そして、黒人兵に問いかけるのである。

だが、キミたちよ。
考えたことがあるのか。この黄色、ボクらの前で」

この大江さんの文章には、新川さんの詩への共感がほとばしっている。新川さんの鋭い感性への共感である。そして、この後の文章では新川さんの琉大時代の活動について触れた。

ちなみに、大江さんが会った「三人の青年」のあとの二人は、伊礼《いれい》孝さんと、幸喜《こうき》良秀さんである。伊礼さんは新川さんらの後、「琉大文学」を受け継いだ下級生で、大江さんは「僕の会った沖縄戦後世代のうち、もっとも左翼的な人間である」と書いている。琉大卒業後、革新系市長だった那覇市役所に就職した。役人を続ける一方で、思索家として優れた評論活動で知られた。著書に『沖縄人にとっての戦後』（朝日選書、七五年）、『執着と苦渋――沖縄・レリクトの発想』（沖縄タイムス社、九四年）などがある。

琉大の学生会長で安保闘争を指導した幸喜さんは、中学教師をしながら、六一年創設の新劇団「創造」のリーダーをした。後に、大田県政の文化振興を担う局長も務めた。

大江さんが示す新川さんへの「こだわり」は、なおも続く。

「沖縄ノート」シリーズの「日本が沖縄に属する」（六九年六月）では、新川さんの別の詩を取り上げた。

日本よ
祖国よ
そこまできている日本は
ぼくらの叫びに
無頼の顔をそむけ
沖縄の海
日本の海
それを区切る
北緯二十七度線は
波に溶け
ジャックナイフのように
ぼくらの心に
切りつけてくる

という詩である。

大江さんは、「詩人は、沖縄の復帰運動の本質的な意味あいについて無知にひとしかった僕にたいして、当時はまだ石垣島のみならず沖縄本島においてもまた、なお克服されていなかったところの『母親のふところにかえる』といった考え方が、歴史的にも、現実に即しても、未来の展望のありようにかかわっても、欺瞞にすぎないことを確実な言葉で語った」と書いた。

この新川さんの言葉の重みを後に改めて大江さんは知ることになる。私がいう「切り結ぶ」関係の到来である。それについて述べる前に、なお「日本が沖縄に属する」中で、新川さんについての見方を追ってみる。

「石垣島の拠点から、沖縄本島を、そして日本列島を、はっきり見すえつづけながら生きている人間なのであった」「八重山の夜更けに、僕がこの詩人から受けとった感銘はなおみずみずしくよみがえってくる」

✣「持続」の力

さらに、「この春、あらためて僕が会った詩人は」として、「日本が沖縄に属する」を書いた六九年の新川さんとの三度目の出会いについて記述する。

「なおかれの持続をおしすすめながら、拒絶することが必要なのだ、日本を、日本人を拒絶しなければならないのだといった。きみはなんのために沖縄へ来るのか、という問いかけが、ほかならぬ拒絶という言葉で表現されるべきものであることを、僕にはっきりと、示したのは、この持続する詩人だ。醜い日本人、という告発も、連帯を求めての擬態にすぎない。拒絶すること、それが出発点だ、と詩人は優しい微笑とともにいい、僕は微笑をうしなって、したたかな打撃としてのそのメッセージを受け止めた」。私が社説で「本土を拒絶するとき」の項で引用した言葉の原文がここにある。

そして、大江さんは六九年七月の「八重山民謡誌'69」で、なお新川さんについて書く。

「僕のイメージのうちなるかれは、しだいに暗い憤りの、強い緊張をあらわにして、あの石垣島のまっ暗な夜の海を見つめている男にかわり、僕に畏怖の思いをおこさせる」

私が新川さんについて、社説やコラムに書くときに引用させてもらった大江さんの言葉もまた、ここからであった。

大江さんという文学者に「畏怖」の念を持たせる存在というのは何なのか。しかも、大江さんが「現実に会って話すときのかれは優しくかつ寡黙であった」という人物が、どのような力で著名な作家をおそれさせたのか。

その答えは、「持続」ということだった。つまり、「沖縄と日本本土の状況について、かれの観察と批判の基本的な方向は変わることはない」ということであり、大江さん自身、「かれから受けとった言葉が次第に重くなり、その鉾先が避けがたく僕の核心に迫ってくるのを、ある種の決定的なワクチンの接種を受けた者が、その後の病状報告をしにきて医者にむかっているのだというふうに、再び会った寡黙なかれのまえで認めるのみであったのである」と書かざるを得なかった「持続」が生み出す迫力ともいうべきものであった。

大江さんが、「八重山民謡誌'69」で新川さんを描いたのは、単に新川さんが沖縄タイムスの八重山支局長をしていた詩人ということだけではない。新川さんは新聞記者としても優れた業績をこの地で残した。のちに毎日出版文化賞を受けた『新南島風土記』を連載したのである。

大江さんは書く。「詩人、新聞記者は、あらためて八重山民謡全体を提示し、伊波普猷ののこした言葉を引きながら、彼自身の感慨をのべている。それは《ひとり八重山人だけでなく、「四百年間専制政治の下に呻吟して、孤島苦ばかり嘗めさせられた南島人」——すなわち沖縄人の心情を吐露したものであり、これは現在のわれわれにもそのまま通じるところがあるといえるのではないか》と」

そして、新川さんのことを、ついには「詩人にして新聞記者たる新川明氏は」と実名を登場させ、「懐かしい思い出からわずかに一歩踏み出すだけで」「しだいに暗い憤りの」「拒絶そのものの具体化のような男」に変わるとして、社説で引用した詩を紹介している。もう一度、その詩を見てみよう。

あの日から
古里は南の海で

一匹の蛇になった。
蛇が　原子砲のうずきに痺れて
おどろ　おどろと身悶えする時
古里に住めないぼくたちは
祖国の街角に立って
猛け猛けしい鷹になり
南の空を睨む

詩画集「おきなわ」の序章の一節であることは、社説の中で触れた通りで、二十三年後の再版の際に、本のタイトルが「日本が見える」に変わり、詩のなかの「祖国」を「異郷」と変えた意味があらためてお分かりいただけると思う。まさに、大江さんが「したたかな打撃」と受け止めた日本への拒絶が伝わってくるだろう。

❖『大江健三郎への手紙』

そして私が先に「切り結ぶ」と書いた事柄が起きる。七二年の沖縄の本土復帰を前に、沖縄から国会議員を選ぼうという七〇年十一月の「国政参加選挙」を巡る動きである。

社説でも触れたように、新川さんは、この選挙は米軍基地をそのまま残す復帰形態を認めさせるものので、沖縄がそれに加担することは許されない、との立場から沖縄タイムス紙面で「反復帰論」と評される選挙ボイコットを呼びかける記事を展開した。また、集会にも積極的に参加したのである。「拒絶」の具体行動だった。

この選挙に際し、革新政党や労組などでつくる沖縄革新共闘会議は大江さんに選挙応援に来てもらおうと動いた。このため、新川さんはそのような形で、大江さんがかかわることへの強い疑義を「手紙」の形で著わした。が、七〇年十月下旬に書かれたこの「手紙」は実際に投函されることなく終わり、選挙の翌年の七一年十一月に刊行された新川さんの著書『反国家の兇区』の中で、「大江健三郎への手紙」と題して全文が公表された。

これを受けて、大江さんは雑誌『世界』七二年一月号で、「再び日本が沖縄に属する」との文を掲載し、新川さんへの「返信」としたのである。

「大江健三郎への手紙」は、四十四字を一行として、全部で百九十行分ある長文である。新川さんは、この「手紙」を本に収録する際に、「(手紙を) 徹夜で書いていて、ふと窓に目をやると東の空が白々と明けかかっていた。次第に明けてゆく空をみていると、何となく空しさがこみ上げて、明るさをます空の色とは逆にさらに書き進める気力は失せていった。そして机上に放置したまま投函の時期も失してしまった」といきさつを書いた。

手紙の核心部をいくつか紹介したい。思想家としての新川さんの思いが凝縮しているところである。

まず、本土人が沖縄にかかわる際の「連帯」ということについて、新川さんはこう述べる。

「『本土と沖縄の連帯』という言葉が、既成左翼、新左翼を問わず、いまほど氾濫している時もありませんが、私はその言葉（連帯）をそのように、相互の独自性を頑固に守りつつ、なお基底の方で相互の信頼関係を失わない〝強固と柔軟〟によって成り立つ概念として考えるのです。そのように考えることによって、すでに空疎なスローガン化したその言葉に本来の生命力と創造力をよみがえらせたいと考えるのです」

ここでは、本土が安易に「連帯」を叫ぶことへの警告を読み取ることができよう。そして、それまでの大江さんの「沖縄に対する好意と厚情を痛いほど理解できる」としつつ、筆が進められる。

「私（たち）がいま、『国政参加』拒否を単に政治的な主張としてでなく、思想的問題としてくりかえし主張していることは、とりもなおさずこの問題で、沖縄の内と外とを問わず、すべての人が、沖縄にかかわるかかわり方を、それぞれの思想の原点で問われていると考えるからです。この選挙の実施を佐藤・ニクソンの日米共同声明とかかわらせ、そこで合意された『七二年沖縄返還』によって予見される沖縄を軸とした日米両国の沖縄・日本を含めたアジア支配の再編強化の政治プログラムの中で予定計画的に打ち出されたものとして捉えるとき、この選挙の実施に対して『ノン』と言い得るか否かはきわめて重要な意味を持つものだと考えるのです」

✣「主体的に闘え」

このような問題意識を基本として、「国政参加拒否討論集会」で新川さんは、なぜ思想的問題であるのかについて、こう基調報告の形で発言した、と書く。

長くなるが、新川さんの思索の過程を追うためにも、欠かせない部分である。

「この国政参加問題は、すでに明らかにされたようにきわめて重要な体制側による予定計画的な政治的攻撃である。だが、これに反撃する政治的なたたかいを構築するだけではきわめて不十分であり片手落ち《ママ》になる。なぜならそれは、私たち沖縄人にとって沖縄近現代の歴史を再検証しつつ、そのような体制側の構想（日米共同声明によって規定された）に決定的に対決してたたかいを持続させねばならぬ沖縄のたたかいを、私たち沖縄人がいかに主体的に担い、かつ持続させ得るかという問いをつきつけているからだ」と、沖縄が近現代においていかに日本本土から押しつけられた運命に苦しんできたかを検証して、この国政参加選挙の持つ歴史的な意味合いを考えるべきだと説く。

そして、「祖国復帰」を旗印に盛り上がる県民の意識に強く警鐘を鳴らした。続けて言う。

「つまりこの選挙の実現を、たとえば『これは沖縄が戦後二十五年のあいだ続けてきた〝祖国復帰〟運動の中で、その重要な政治主張の一つとして主張し要求しつづけてきたことだから、これが実現したのは基本的には沖縄人民のたたかいの成果である』という宣伝をもって自己正当化を図り、選挙に没入することで、体制側による予定計画的な攻撃であり政治的策謀であるという本質を隠蔽し続ける圧倒的な政治潮流に、ごく少数の人々――とりもなおさずこの集会に参加した人々を中心とする――をのぞいて、大多数住民が巻き込まれている現実は一体何を意味しているのか」

ここで気づくのは、「国政選挙参加拒否」運動は、新川さんが自ら「少数者」と認識しているということである。そして、「ごく少数の人々」とは、「新左翼の革マル、学生インター、MLの各セクト、沖縄で独自の思想形成と行動をめざす中部地区反戦などの党派団体」のほか、学生や労働者がいたが、その数は「四百人を超える人々」にすぎなかった。

詩人であり、現職の優秀な記者でありながら、人々の多くが「過激な連中」視していたグループの先頭に立つ新川さんを、世間がいかに変人扱いしたかは想像に難くないと思う。のちに、新川さんが沖縄タイムスの社長に就任した時には、いわれのない中傷的な攻撃もあったのである。

さらに、この基調報告は激しさを増す。「本質を隠蔽し続ける圧倒的な政治潮流」として、復帰運動を進めてきた革新政党や労働団体を激しく批判した。

「たしかにそのような既成革新諸党の、本質を歪曲し矮小化した宣伝や幻想もそれなりに大きく機能していることは疑う余地はないが、それと共に私たち沖縄人の中にある日本への全的な合一化を絶対視して疑わない思想、平たくいえば〈国家としての日本〉に盲目的にのめり込んでいくことにケシ粒ほどの疑いを持たない精神志向、思想的傾斜が、沖縄人の生存様式を規定する強力な規範として存在していたためである。沖縄人の生存様式を規定するその規範は、いわゆる共同幻想としての〈国家〉をなりたたせる私たちの内なる情念として、さきにみた既成革新諸党の党略に基づいた宣伝や空疎な幻想を、大衆的な基盤をもって下から支えているのである。

それまでも新川さんが沖縄タイムス紙面で書く「国政参加拒否」の原稿について、党として激しい反発を示した革新政党との対立はなお決定的になった。

だが、私は新川さんが言いたかったのは、政党はどうあれ、沖縄の人々が自らの課題として主体的に考えよ、という点に主眼があると受け止める。単に政治的な問題意識でなく、沖縄人の思想性が問われるのだという主張は、その点を指している。かつて、伊波普猷が沖縄人に「自らの足元をみよ」と求めたようにである。

✣「関わり無にするな」

このように、新川さんは沖縄の状況を詳述したあと、大江さんにこう求めて手紙を締めくくった。

「もし私の方から『友情』という言葉を許されるとすれば、熱い友情をこめて、私は大江様が沖縄に『選挙』応援などという形の訪問で来島されることだけは思いとどまることを提案します。大江様がお出でになることによって、いわゆる『革新』候補者たちの得票が増え、私たちがすすめている国政参加選挙拒否の政治的、思想的運動（闘争）の効果が、現実の投票行為という統計数字の上で弱められるというさもしい考えからではありません。そうすることによって大江様がこれまで、沖縄に真摯にかかわってきたことのすべてが、決定的な時点で無化してしまうことを怖れるからにほかなりません。ただそれだけのことなのです」

この投函されなかった「手紙」に、大江さんは答えた。『反国家の兇区』の初版が出たその翌年である。「再び日本が沖縄に属する」と題した文章は、大江さんが沖縄に関わり、数多くの論述をしてきた意味と責任を自己検証したものとなった。

大江さんは、衆院沖縄返還協定特別委員会の強行採決の現場を見たときの様子から筆を起こした。国政参加選挙が予定通り行われて沖縄から選出された革新系議員が「沖縄駐留米軍での核の存在の有無」などについての質問をしている間、自民議員がヤジを飛ばし、政府の答弁も「およそまともに課題に答える意思はない」といった空気のなか、強行採決が行われたのである。大江さんは書いた。

「沖縄選出の議員の存在こそは、僕にたいして、いままでおまえは沖縄にむけてなにをしてきたか、いまなにをし、これからなにをするつもりなのか、と激しく問いかけてくる両刃の剣であったからである。しかもその問いかけの核心には、最近刊行された現代評論社刊『反国家の兇区』における、まことに輪郭のはっきりした、新川明氏の、重く熱い思想のかたまりがあるのであったからでもある。（中略）僕はあの傍聴席から、沖縄選出の議員の質問自体としては、まことにめざましい働きを見下ろしつつ、ほかならぬその文章にこめられた思想のかたまりによって、自分が繰り返し撃たれるのを、よく認識しつづけぬわけにはゆかなかったのである」

大江さんは、『国政参加』選挙に直接の応援はしなかった」としたが、『国政参加』拒否の運動の思想は、僕の首根っこを逃れようもなくとらえている」とする。そして、沖縄の本土復帰について、こんな感慨となっていった。

「僕がかつて、日本が沖縄に属すると書いた時、それはおおいに想像力の機能にかかわっていた。いま、そのたぐいの想像力をもたぬ者も、実際の現象として、日本が沖縄の、それもそこにある米軍基地プラス自衛隊基地こそを、自分の運命の核心をにぎる実体として担った事実を見ないわけにはゆかないだろう。しかもなおあえて眼をつぶる者も、かつてのようにひとつのクッションを介してでなく、いまや赤裸に、直接に、その運命を沖縄の基地にあずけている」

大江さんは「沖縄経験」の最後の章で「未来へ向けて回想する――自己解釈（四）」と題した文を掲載したが、そこでは私が「やっと来た寅」で書いた「沖縄の総合雑誌から来た」というアンケートについて詳しく述べている。

「施政権返還の後、年がたつにつれて、アメリカ軍政下で若い知識人たちが地道に実践的に憂えていた悪しき可能性が、次々に現実化して既成事実となってゆく沖縄の、新川明氏の編集する『新沖縄文学』からアンケートの手紙を受けとった。僕は草稿を書いたが、結局それを提出しなかった。そしてそれはいまも重苦しい思いをひきおこす未来の事柄として自分にある。その間の事情について、沖縄を訪れた同世代の政治学者をつうじ、沖縄の側からの批判もとどいている。当のアンケートは、沖縄についての文章をおさめたこの巻の、最後の文章と直接に関わっており、僕がアンケートに満足な答えを書きえなかった理由もそこにある」

つまり、「本土文化人への責任追及」と大江さんが思ったというこのアンケートは、ほかならぬ新川さんが責任を持っていた沖縄タイムス刊行の『新沖縄文学』のものだった。

✣痛恨の心情

大江さんはさらに文を継いで、こう説明する。

「すなわち、沖縄返還の国会に向けて、坂本義和教授を中心に『いまこそ沖縄の非軍事化を』という要請がおこなわれた。僕も署名者に加わった。さて、施政権は返還されたが、沖縄を非軍事化するというあの提案はいささかも実現されていない。むしろそれに逆行して、米軍基地に加え自衛隊も沖縄に乗り込んで、この島をさらにも軍事化している実状。――きみたちの夢のような提案について、いまどう考えているのかと、そのアンケートは僕の記憶にある限り、あくまでも冷静に問いかけていたのであった」と。

私は、大江さんの良心を見る。潔いまでの責任感であるといってもよいだろう。大江さんは「僕が沖縄について書いた多くの文章は、しかし現実の状況に対して効果を発揮するというものではなかった」とも書いた。まさに、痛恨ともいえる心情の吐露である。

だが、そうだろうか。岩波新書の『沖縄ノート』は、私の手元に二冊ある。一冊は九五年六月刊で、七〇年九月の第一刷から数えて第三十九刷目のものであり、二冊目は二〇〇〇年九月刊の第四十六刷目である。延々と読み継がれて来ているのである。

読者は考えるだろう。大江さんの心の痛みを。「詩人であり、新聞記者」の新川さんの持続を。拒否される日本人の一人の人間としての存在の意味を。たしかに、これらは「現実の状況」には、ただちに役立つというものではないかも知れない。しかし、沖縄を教えられてしまった、知ってしまった人々は、もはや無力な存在ではあり得ないと、私は思っている。

その力は、間違いなく大江さんの沖縄への思いが詰まった文章が生み出すものであろうと確信する。

大江さんと新川さんの二人の思想は、このように共鳴し合い、切り結んできた。私が「やっと来た寅」で大江さんについて記述した短い文章ができる背景には、「重い事実」が重なり合って横たわっていたのだ。取材中、限られた紙幅でどこまで書ききれるか、との思いが何度も巡ったものだった。

私は、後に朝日新聞那覇支局長を務めたことから、沖縄タイムスの現役幹部だった新川さんとのお付き合いが続いた。論説、編集委員と歩んでも、幸い、交流が途絶えることがなかった。私が現役記者として最後に新川さんを朝日新聞紙上で紹介したのは、全国版の「ひと」だった。このとき、新川さんは沖縄タイムスの会長を退き、一人のジャーナリストとして活動していた。

十月から半年間、非常勤講師として琉球大学法文学部の教壇に立つ。沖縄では、明治の「琉球処分」の後、歴史の節目ごとに自立・独立論が噴出してきた。「その思想潮流を若者と多角的に考えたい」

沖縄の戦後の思想史をみる時、この人自身が展開した日本本土への「反復帰論」の鮮烈さが際立つ。ノーベル文学賞作家の大江健三郎さんが、著作で「畏怖《いふ》の思いをおこさせる」人と述べたほどだ。

最近、主張の数々を収めた『反国家の兇区』が、四半世紀ぶりに社会評論社から復刻された。初版は本土復帰前年の一九七一年秋のタイムス記者時代に出した。過重な基地負担が残る復帰形態が本決まりしていたころである。

「米軍の過酷な支配を脱して平和憲法下に、と願う沖縄人の復帰運動を日米両政府が逆手にとっての基地強化策でしかなかった。いつまで国家としての日本への幻想を持ち続けるのか、と沖縄人自身に問い、自立を求めた」

しかし、「復帰拒否者」は少数派。強い反論にも出会った。が、執筆した記事でも姿勢は変えなかった。そして編集局長、社長、会長と歩む。「ある意味では、異端者だろう。受け入れられたのは、大和への複雑な思いという、沖縄人の心の中の伏流水が同じだからこそと思う」

昨年、役員を退いてまもなく、大田昌秀知事の代理署名拒否が起きた。支援する「市民・大学人の会」の集会に出かけ、「自立論」をぶった。住所と職業を求められて、「西原町、無職」とだけ答えた。

新聞社の株も手放し、単に「ジャーナリスト」の肩書きで評論活動を再開している。学生は「歴史上の人物に会う感じ」という。ご本人は「いや、亡霊かも」と笑いつつ、「授業は、自分の生きざまの軌跡を確認する作業ともなる」。やはり、緊張感がある。

（九六年九月二十六日付）

ここで触れた「自立論」や大田知事の「代理署名拒否」を巡る沖縄の揺れについては後に書くが、大江さんについても後日、コラムに書かせてもらった。大江さんがノーベル文学賞に決まったことを知った時の私の感慨である。朝日新聞西部本社版の夕刊社会面に設けられた「偏西風」という欄で、タイトルは「からし明太子《めんたいこ》」とした。

人との出会いで、いつまでも心に残る言葉とか、表情がある。

ノーベル文学賞を受ける大江健三郎さんとの思い出は、からし明太子《めんたいこ》にまつわるものだ。

十数年前のことである。取材で、小倉から東京・成城の自宅を訪ねた。ささやかなお礼に、からし明太子を手みやげにした。

「いやあ、これは長男の光の大好物ですよ」。大江さんは、こちらがびっくりするほどの笑顔をみせた。おかげで、著名な作家を前にした緊張がほぐれた。

この時の取材は「沖縄問題」だが、大江さんにとっては、あまり愉快な内容ではなかったはずだ。

『沖縄ノート』など、沖縄について多くの著作や評論活動をしていた大江さんは七二年に沖縄が本土復帰する直前に、本土の政治学者らと沖縄の非軍事化構想を発表した。

だが、復帰の際も、それから十年たっても、米軍基地はそのままだ。「本土文化人の責任をどう思うか」と聞いたのである。

大江さんはいやな顔もせず、言葉を選びながら「生きてゆく上での心の重しになっている」と語った。

質問を受けるときも、答えるときも、こちらとの視線をはずさなかった。誠実な人だな、と思った。

「私は戦後民主主義者だから」と文化勲章を辞退したと聞いて、すぐ思い出したのが、この「心の重し」の言葉だった。

大江さんの家を出る時、光さんが小さく手を振ってくれた。透き通るような感性の光さん作曲のピアノ曲を聴きながら、その姿を思い浮かべている。

（九四年十一月九日付）

光さんのＣＤは今も、私の音楽のコレクションの中にある。

✣切迫の精神

九五年といえば、あの阪神・淡路大震災が襲った年である。およそ大地震とは無縁と考えていた阪神間や淡路島の人々が多大の犠牲をこうむった。その春、実家が阪神間にあった私の元に新川さんから手紙が届き、地震の見舞いの言葉と共に、一つの原稿が届けられた。朝日新聞社説で前年の秋、新川さんと大江さんの関わりを書いたことへの新川さんの一つの「返書」として、ありがたく拝読させていただいた。

岩波書店刊の季刊『文学』（九五年春季号）所載の「大江健三郎と『沖縄』と」と題した文章である。それを抜粋紹介して、二人の精神的交流の根っこについて、ごくごく一部しか描き切れなかったであろう、この章の締めくくりとしたい。

一九六〇年代の末期から七〇年代にかけての数年間、日本のジャーナリズムは「沖縄」に熱心であった。それほどの熱心さは、日本のジャーナリズムの歴史のなかで前にも後にもないし、これからもあり得ないだろう。色々の分野の人が「沖縄」について発言し、「沖縄」を通りすぎていった。それらの人びとのなかで「沖縄」は、それぞれの心に何かを刻みつけたり沈殿させたりもしているだろうけれども、大半の人のなかですでに一過性の事件として風化してしまっているのが、九五年現在の現実であろうと思う。

そうしたなかで、小説家として六五年から執拗ともいえる粘っこさで「沖縄」にこだわり、みずからの生き方とかかわらせてむき合いつづけてきた人が大江健三郎氏であった。

大江氏の「沖縄」にかかわる文章は、一般によく知られる『沖縄ノート』をはじめ、いくつかのエッセイ集に収められているが、いずれも痛切の思いに満ちて、痛々しい思いをさえ読む者に与えずにはおかない切迫した精神の緊張をたたえていた。

その読後感は、いまそれらの諸編を読み返してみても変わることはないが、この感慨は、大江氏がはじめて沖縄を訪ねた六五年、石垣島での出会いにはじまる同世代の友人としての、あるいは沖縄関連のエッセイに、「復帰拒否者」という名辞をまとってしばしば引合いに出された私の、個人的な感傷に由来するものではない。

たとえば「沖縄ノート」の連載を雑誌『世界』で読み続けた外国滞在中の大江氏の友人は、「ひとつの章を読むたびに、この章を書き終えて著者自殺という、編集後記が眼に入りそうでね。きみは大丈夫なのだろうか」と、便りしてきたという事実が、客観的にみた当時の大江氏の姿をよく示していると思う（八一年刊『沖縄経験』所収「未来へ向けて回想する」）。（中略）

大江氏にたいして、本土においても沖縄からもいろいろの批判がきかれたことを、私は否定しない。しかし、それらの批判は、大江氏の発言が、より「本質」にちかいところから発せられていたためにこそ生じたものである、と考える。(中略)

そうしたなかで、大江氏は、私をはじめ少数者の生身の声をもってみずからをも撃ちながら、「沖縄」が発する問いかけ――それは「本土と日本人」多数が、日常のなかで掬《すく》い上げ得ていない――を、五感を動員してキャッチし、「沖縄」が発しているシグナルの一つひとつが、とりもなおさず「本土の日本人」一人ひとりの問題でもあることに、注意を喚起し続けるのであった。

その大江氏には、『沖縄』の前に『ヒロシマ』があったことは知られる通りである。『ヒロシマ』から『沖縄』へ、みずからのアンテナの向きを変えるとき、媒介したテーマが『核』の問題であることは、氏の文章からただちに読み取れるが、それは『核』時代における人間のあり方として把握され、深められていくのであった。そして『沖縄』においては、さらに、天皇制や死生観をふくめた価値観を総合しての『本土の日本人』の生き方を、逆照射するシグナルの発信地としての『沖縄』の発見へと到達することになるのである。(中略)

そして、そのように痛切にくり返された大江氏の問いは、みずからが属する日本人としての、『望ましい日本人像』を模索する姿でもあった。

✣「上品な」日本人を

新川さんは、以上のように書いたあと、「大江氏は、あれから二十年余を経たいま、その答えを語ることになるのであった」として、ノーベル賞受賞講演で述べた言葉を紹介した。《それ（『望ましい日本人像』）は、「人間味あふれた」（ヒューメイン）、「まともな」（セイン）、「きちんとした」（カムリー）とかの単語と並置されるものとしての、「上品な」（ディーセント）日本人ということであると思われます》と。

さらに、このあと新川さんは「大江文学」と「沖縄」について触れ、「沖縄」とのかかわりについて、「小説家を創作にむかわせる創造力と、創造力を内発させる想像力の領域でこれを問題にしその作家論や作品論を、作家の方法論の深みで解き明かしつつ語る人と論が、ほとんど皆無に等しい」と「心ある研究者」がいつの日か登場することを望んで、文章を閉じた。

大江さんの作品には、沖縄の「ムラ」やその精神構造の中心に存する「根神」思想の影響を受けたことを物語るものが知られているが、この新川さんの「不満」を解消した研究者が現れたかどうか。不勉強にして、私はまだ知らない。

第Ⅲ章 『名もない』とは何だ

✣届いた一通の速達

朝日新聞西部本社の編集局の私の机の上に、一通の速達の手紙が届けられた。差出人は東京都練馬区の男性であった。まったく、知らない名前である。封を切ると、激しい言葉が目に飛び込んできた。

『名もない』とは、何ですか。

宮良《みやら》ルリさん、宮城巳知子さん、平良《たいら》啓子さん、と三名の、ちゃんと『名のある』女性の、沖縄戦体験のことが、そのあとに綴られています。

『名もない』とは、余り人にその名を知られていない、有名でない、という意味で書かれているとは、判ります。

しかし、冒頭の一句の『名もない』とはショックでした。

『三人の女先生がいる』と書くだけで、ことがらは通じましょう。

不用意に書かれたこととは思いますが、こと、沖縄に関してのことだけに、無意識の差別感のあったのではないかと、余計な忖度もしたくなります。

強く抗議し、この字句の訂正を求めたいと思います」

手紙の書き出しは、「本十七日、朝日新聞夕刊『新人国記'85』の「沖縄県（1）」の冒頭に『三人の名もない女先生がいる』とありました」。そこで、「名もないとは、何だ」というわけである。しかも、わざわざ、「名もない」の文字に強調を意味する傍点が付けてあり、「傍点筆者」との断り書きまであった。そして、「一九八五年六月十七日午後六時執筆」と書き添えてある。夕刊を読んで、そのまま、ペンを取られたのであろう。強い怒りの気持ちがあふれる文面だった。

私はショックを受けた。さっそく、この方に電話をかけた。私の執筆の姿勢、表現について説明し、さらに日をおかずに返信も出した。電話でのやりとりで、この人は沖縄の出身で七十歳。本土に長く住み、演劇関係で活躍をされている人と分かった。

私の衝撃は、「名もない」との形容が、「不用意に書いた」「無意識の差別感があったのではないか」

との受け止め方をされたことだった。むろん、不用意などであるはずがなかった。

「新人国記」について少し説明をしておきたいと思う。

「新人国記」はかつて、六二年から六四年にかけて朝日新聞に連載され、好評だった。それから二十年がたち、日本の政治、経済、文化など社会の諸相が大きく変化した。その八〇年代の姿を各地で活躍する人物像で追う企画だった。朝日新聞の全国版夕刊一面に連載された目玉記事で（夕刊のない地域は翌日の朝刊掲載）、各県を一人の記者が担当し、取材は人名調査の準備段階を含めて一つの県で四カ月以上をかけるという、力を入れたものになった。全都道府県の連載は八一年四月から始まって、八五年十二月二十一日に終わる長期のシリーズである。

「沖縄県編」は、特別に四人の記者が担当したシリーズ最後の東京都編の直前に連載された。那覇支局長をしていた私が執筆者に選ばれた。そして、西部本社通信部（西部本社管内の支局を統括する）の次長への転勤辞令を受けたが、それまで支局長住宅として入居していた那覇市内のマンションの別の一室を借りて、多くの資料を置き、取材の拠点とした。

私が取り上げたいと思ってリストアップした人は最初、三百人を超えた。この連載は、直接面談取材が原則である。しかも、紙面に掲載する顔写真は、保存分ではなく、これも一県一人で担当する写真部員が、新たに撮影したものを使う決まりだ。著名人が多く、限られた日程で、取材、撮影ができるか。連載内容の柱立て、人物選定はかなりの困難な作業だった。沖縄県の人々の活動の場は、沖縄本島のほか、数百キロも離れた石垣島、宮古島などの離島、東京、大阪など各地に広がっているためである。絞り込んだが、直接、お目にかかったのは、百五十人に達した。

✣沖縄戦こそ原点に

連載を貫く主題を何にするか。これこそが、もっとも重要だったが、私は「沖縄戦」しかないと考えた。沖縄人の戦後の生きざまをあらゆる面で規定しているとの思いが、沖縄の地で勤務した実感だったからだ。

東京本社の担当デスクからは、「沖縄は十五回ないしは二十回ぐらいの連載に」との意向が伝えられた。私は「二十五回でやりたい」と求めた。東京の案では、言いたいことを書ききれないと思った。東京本社は私の主張を容れてくれた。

二十五回の連載の各回の主見出しは、このようだった。

「戦場体験を口重く」「『ひめゆり』を後世に」「死線を越え学者に」「廃墟に根づく文化」「王朝芸能の灯　今に」「女の情念にじませ」「額に苦悩刻みつつ」「風土が支える強さ」「草の根の平和主義」「苦悩を描き続けて」「弱者にそそぐ愛情」「壺屋の灯守る陶工」「息づく伝統の技術」「離島苦に負けずに」「生き方問う沖縄学」「動植物の宝庫究め」「苦労人とエリート」「南国の血が脈打ち」「痛み背に熱い思い」「本土に根を張って」「ウチナー魂の爆発」「王家の末えいたち」「料理と

酒と三線と」「方言文化の〝笑い〟」「揺れ惑う守礼の邦」

お気づきになるだろうが、一見しての明白な沖縄戦を巡るテーマというより、焼き物あり、琉球舞踊あり、ボクシングの世界チャンピオンあり、琉球料理あり、琉球王朝物語あり、といった沖縄についての関心を呼ぶ話題を網羅しているかのようである。だが、そこに登場する人物のほとんどに、「沖縄戦」が投影していると私は考えた。

そして、連載の執筆に取りかかった。最初の記事、しかも冒頭の表現ともなれば、あれこれ、考え抜くことは、記者の常識ともいえる作業である。寝ていても、文章構成、表現の仕方が頭の中を巡り、いい内容が浮かべば、思わず飛び起きて電気スタンドを点け、紙に書き付ける、ということもしばしばあるほどだ。このため、私は連載を担当したり、大型記事を書くときは、枕元にノートと、ペンを置いておくのが常だった。

❖「こと沖縄に関する」

一回目に三人の女先生を選んだのは、無辜《むこ》の人々の代表としてであった。沖縄戦の特徴の一つは、戦争による犠牲者が、軍人よりも住民の方が多かったという事実である。老若男女を問わず、無惨な死を迎えさせられた。理不尽な死であった。

その地獄絵の中から生還した三人の先生は、戦後、子供たちや親に平和の尊さを語り続けている。その姿を、声を、読者に第一に届けたいと強く思った。当然だが、「名もない」の言葉に、差別意識などなかった。

　手紙の主も、「名もない」という表現は、著名でない普通の人ということは百も承知のうえで、手紙にあるように「こと、沖縄に関してのことだけに」、私が「不用意にも心のなかにある差別意識」を、のぞかせたのではないかと、思ったというのである。

　だが、私が受けた打撃は、この「こと、沖縄に関してのことだけに」との前置きの重さに、本土で暮らす沖縄県人がいかに「被差別意識」を普段から持たざるをえない立場にいるかを如実に表していることを、あらためて実感として思い知らされたことだった。一連の取材で、いやというほど沖縄の人々の痛みを知っていたが、「名もない」とは、何ですか、の文字が突き刺さった。

　この男性には、電話や手紙でこの気持ちを詳しく説明させてもらった。後日、次のような返信がきた。

「先日は突然に失礼なお便りを差し上げもうしわけございませんでした。
また、ご多忙ななかを再三、お電話を賜り、その上で鄭重なお便りを煩わし、恐縮しています。
『三人の名もない女先生がいる』の冒頭の句については、お手紙によって他意のないことは諒解しましたが、でもやはり、今また読み直しても、こだわりを持ちます。

これは、語感の受け取りかたの違いともいえましょうが、お説のように沖縄の無数の『無名の人びと』と同意味とするならば、なおさら不要の形容詞のように感じられます。

『有名、無名にこだわらず、事実の重さと今日的意味を正確に伝える』意図で執筆されたとあるのですから、『名もない』とお断りになる必要はないと思われます。それに、『名もない』とはいえ、沖縄では『先生』という職業は一般から尊敬されていますし、まして沖縄戦の体験者とあれば、『名もない女先生』というふうには言わないだろうと思うのですが。

ただ、先日の拙文の『無意識の差別感』とか、『訂正』とかのことばは、大層失礼な申しようで、それこそ訂正しておわびいたします。つい筆が走ったものです。ご諒恕賜わらば幸甚です。

連載は、当然のことながら切り抜いてスクラップしています。完結までをたのしみにしています。前便の補足とお詫びの一言まで」

✣表現の難しさ、こわさ

丁寧な手紙であったが、最後まで「名もない」という表現には納得しない、と強調された。改めて、文章表現の難しさ、こわさをつくづく感じたのである。

この方は、すでに亡くなられている。人となりをよく知る沖縄のジャーナリストによると、少年期から上京した。普段はきれいな標準語を話す本土人のようだったが、沖縄への思いは熱く、専門分野を生かして沖縄演劇の関係者にも多大の力を貸していたという。

読者からの反響は、多方面からあった。特に本土在住の沖縄出身の方々からの手紙が多く、お一人おひとりの〝生まれ島〟への思いが伝わってくる文面だった。ありがたく、いまも保存させていただいている。

「新人国記〜沖縄県編」の第一回目「戦場体験を口重く」の記事の全文は次の通りである。

三人の名もない女先生がいる。沖縄戦の時、それぞれ師範学校、高等女学校、国民学校の生徒、児童だった。戦場から奇跡の生還をして四十年。重くなる口を励まして、自らの体験を子どもたちに語り続けてきた。

本島南部の豊見城《とみぐすく》村のテレホン教育相談員宮良ルリ（五十八歳）。沖縄師範女子部生徒の十八歳で、ひめゆり学徒隊員になった。米軍の猛攻に追われ、最後に糸満市伊原の第三外科壕へ。今、ひめゆりの塔がある自然壕。兵のほか、五十人近くの職員、生徒がいた。

昭和二十年六月十九日、全員で脱出直前にガス弾攻撃。友人の絶叫、恩師が自決する手りゅう弾のさく裂音が交錯した。夢中で腰から抜いた手ぬぐいを小便にひたして口に当て、はいつくばった。三日目、意識が、戻った。

「学校でたたきこまれた皇国不滅を信じる軍国少女だった。暑さと湿気とシラミの長い壕生活でも、いまに神風が吹く、と逆に兵隊さんを元気づけていた。『勝利の日まで』。そんな、あだ名まで付けられたのです」

壕からの生還者は、生徒わずか五人。一人はその後、精神を侵された。壕のランプ生活のせいだろう、戦後十数年も宮良のはくタンに黒点が混じった。

ふるさとの石垣島と豊見城村で五十九年春まで三十八年間、七校の教員をした。どこでも、ひめゆり体験を聴く児童は涙を浮かべてくれた。「幼い心に何かが植え付けられたと思うんです」といい、笑顔がここで初めて出た。

本島中部の一市二町にまたがる西太平洋最大の米軍嘉手納《かでな》基地。嘉手納小学校教諭宮城巳知子(五十九歳)は、基地フェンスのすぐ近くの家で生まれ、育った。二十年三月、県立首里高女の卒業式は、そのまま瑞泉《ずいせん》学徒隊員としての出陣式でもあった。

六月二十七日、最後に逃げ込んだ糸満市米須《こめす》の自然壕は、火炎放射器とガス弾攻撃をうけた。兵が自決する手りゅう弾に、数人の友人が巻き込まれた。包帯で自分の首を絞め、もがく親友もいた。地面の泥を鼻につけ、危うく生を得た。

体も目も大きく、児童にピシャッとやるから「ゴリラ」とはやされる宮城が、「戦争中、生理が止まった。ほかの人もみんな」。瑞泉学徒隊八十三人中、犠牲者五十人。「今は親となった教え子が、六月になったら先生の話を思い出すといってくれてね」と語る。夫の両親も戦火に奪われた。退職したら、本土で反戦の旗を振ろう、と心に決めている。

本島北部の国頭《くにがみ》村佐手小学校教諭平良《たいら》啓子（五十歳）の自宅は、緑深い隣村の大宜味《おおぎみ》村にある。ハト、ニワトリ、アヒル、犬、ネコ、イノシシの遊ぶ庭を見ながら、五十九年春、一冊の本を書き上げた。『海鳴りのレクイエム──「対馬丸そうなん」の友と生きる』。

沖縄からの学童疎開船・対馬丸（六七五四トン）は、十九年八月二十二日夜、鹿児島・悪石《あくせき》島沖で米潜水艦の魚雷で撃沈された。乗客約千七百人のうち、学童約八百人。生存者は百七十七人で、学童は五十九人にすぎなかった。

九歳の少女のイカダでの漂流は七日にも及んだ。真夏の太陽は肌をこがし、サメが周りを泳いだ。イカダに漂着した食糧を、大人がわれ先に食べた。それを、戦後十八年たって平良にわびた。この遭難で、祖母、兄、いとこが海に消えた。平和を守るために学問を、と通信教育で教員資格をとった。ガージュー（我が強い人）といわれながら、一徹に平和の尊さを説く。

唯一の地上戦のあった沖縄。県民十数万人をはじめ、戦没者は二十万人を超える。無名の人びとが死に追いやられた。六月二十三日は、その「慰霊の日」。全島に香煙が漂う。

六十年三月、宮良は戦後初めて、ひめゆり壕に入った。遺骨がまだ六柱もあった。手鏡、万年筆などの遺品を前に立ちつくし、しゃがみこんだ。（敬称略）

ちなみに、この「新人国記～沖縄県編」の始まりには、別の反響もあったことを記しておきたい。「全国商工新聞」の八五年七月六日付コラム「新聞寸評」は、「胸に響く《新・人国記》沖縄編」との見出しで次のように書いている。

朝日新聞〈夕刊〉連載の《新・人国記》が、六月十七日から沖縄県編に入りました。通算ちょうど一〇〇〇回目です。

《新・人国記》は、それぞれの都道府県の出身者やかかわりのある人たちを、有名人に限らず掘り起こし、紹介しながらその風土を描き出そうという長期連載もの。担当記者の個性的な筆力がものをいう、魅力的な企画です。

その連載が、この時期に沖縄編を始めたのには理由があります。六月二十三日が「慰霊の日」、沖縄の終戦四〇周年の日にあたるからです。

稲垣忠記者担当の沖縄編は、当時少女だった三人の女性からスタートしました。沖縄師範女子部生徒でひめゆり隊員だった宮良ルリさん（五八）、県立首里高女の瑞泉学徒隊員になった宮城巳知子さん（五九）、米潜水艦に撃沈された学童疎開船・対馬丸の生存者、平良啓子さん（五〇）。三人はその戦場体験を子供に語り継ぐために、戦後を教育者として生きてきました。

二回目は、沖縄戦の当時、彼女らの教師だった人やその世代の人たち。琉球大学の元副学長で言語学者の仲宗根政善さん（七八）は、そのころ沖縄師範の教授で、ひめゆり学徒隊に一隊長として加わりました。自らも砲弾で負傷している仲宗根さんの「教師の責任、その重い負い目は今もある」という言葉が胸に響きます。

沖縄編にはほかの府県とは違った重みがあります。それは、沖縄が日本でただ一つ、地上戦の戦場になったところだからです。〈県民十数万人をはじめ、戦没者は二十万を超える。無名の人々が死に追いやられた〉。他府県編にも増してじっくり読みたいと思っています。

沖縄編がスタートした同じ紙面の題字下の小コラム《あすは》にこう書かれていました。

〈昭和二十年（一九四五）この日、陸軍病院から「ひめゆり学徒隊」に解散命令が出た。負傷兵の看護にあたっていた沖縄師範女子部、県立第一高女の、十六歳から二十歳の娘たちは、弾雨のなかにほうり出された〉

読者は幅広い。普通の市民のほかに、このようなプロがいる。「じっくりと読みたい」の言葉は、励まされると同時に、一字一句のおろそかさへのさらなる自戒を呼び起こされるものとなったのである。

✣教師の責任重く

学徒隊のことを書く時、忘れることの出来ない人がいる。戦場から生還した元琉球大学副学長を務めた仲宗根政善さんである。この「戦場体験を口重く」に続く二回目の「『ひめゆり』後世に」の中で、紹介した（八五年六月十八日付）。

琉球大の元副学長で言語学者仲宗根政善（七十八歳）は、右側けい動脈近くに三角形の砲弾片が入ったままである。耳鳴りが今も続く。自分が引率して沖縄戦で散ったひめゆり学徒隊の死が、脳裏から消えるはずもない。

沖縄師範女子部、県立第一高女の生徒約二百六十人は、昭和二十年三月二十四日、ひめゆり学徒隊として南風原《はえばる》陸軍病院に動員された。師範の教授だった仲宗根は、看護隊長になった。大学ノート半分大の方言研究ノート二冊を、リュックに入れた。

転戦三カ月、途中首筋に被弾し、本島南部の喜屋武《きやん》岬に追いつめられた時、生徒十二人が周りにいた。米兵が目の前に現れ、生徒の一人が手りゅう弾に手をかけた。思わず、「やめろ、待て」と叫んだ。この日までに、生徒の半数以上がすでに死んでいた。むなしさだけだった。

「負ける話をしたら、生徒からぶんなぐられそうな雰囲気だった。純粋な少女をここまでさせた教師の責任、その重い負い目は今もある」という。

自責、虚脱の生活から再び研究者として仲宗根を立ち直らせたのは、自らの足元を深く掘り、沖縄人はどう生きるべきかを考えねば沖縄の将来はない、との思いだった。日本語の古語が残るふるさと今帰仁《なきじん》村の方言研究を再開。一昨年、一万五千語を収録した「沖縄今帰仁方言辞典」を完成させ、五十九年度の日本学士院賞・恩賜賞を受けた。（敬称略）

この記事が掲載されてから十年後に仲宗根さんは亡くなった。私は、九五年二月十八日付の夕刊全国版の「〈窓〉論説委員室から」で、その名も「仲宗根さん追想」とのタイトルで、多くの人に敬愛された人の思い出を書いた。

言語学者で、琉球大学名誉教授の仲宗根政善さんが亡くなった。ひめゆり学徒隊の引率教師だった。沖縄の平和運動の原点は、沖縄戦の体験とされる。その象徴ともいえる人が、戦後五十年の節目に去った。

「耳鳴りが続くから、医者に行ったばかりです。右のけい動脈の近くに、砲弾片が入ったままなのが分かりました」

おだやかな口調で、衝撃的な話を切り出されたのは十年前、初めてお宅を訪ねた折だ。戦争から四十年過ぎていた。

仲宗根さんは、多くの教え子を亡くした自責の念を長い時間語った。取材ノートを繰ると、「私は戦犯だ」とまで言ったことが記録されている。

「戦前、国家主義、軍国主義に目に見えて引きずられてゆく自分を感じていた。弱い人間だった。教育者としての重い負い目は消えないのです」

一九四五年六月、生徒十二人と沖縄本島南部の喜屋武岬に追い詰められた時の記憶がその思いを強くさせていた。

「暗やみの中、波の音が聞こえた。私には死の響きだった。でも、生徒の一人は、日本の艦隊が助けに押し寄せてくる音に聞こえると言った」

絶望的な状態の中でも、日本の勝利を疑わずにいるようにしたのは、自分たち教師だと思った。

「おかしなことに、この戦いを引き分けにできないものかと、ふっと望んだ」という。

米兵が迫り、生徒たちは手りゅう弾で自決しようとした。思わず、大声で制止した。

戦後、「ひめゆり部隊」と呼ばれたり、生徒の自決を殉国の精神の表れと美化されると、それは違うと言い続けた。

「生徒にも、体にまだ弾が入ったままなのが何人もいる。人間って奇跡的に生きている、よくそう思うのです」。生と死を極限にまで見た人の言葉が今も耳に残っている。

この「部隊」と呼ばれることを断固拒否することこそが、戦後の仲宗根さんのつとめのような思いにとらわれた。それほど、強い響きを持った口調だったのである。沖縄戦こそが、沖縄の平和の原点であると共に、「沖縄の心」の原点でもあると、改めて思う。

第Ⅳ章 ヤマトンチューになり切れぬ

ドンの述懐

「新・人国記～沖縄県編」の最終回「揺れ惑う守礼の邦」は、沖縄県の「保守のドン」と呼ばれた西《に》銘《め》順治さんについての文章から始めた。

西銘さんの思い出は多い。三十二歳で琉球政府時代の立法院議員となってから四十余年の間に、那覇市長、衆議院議員、県知事を歴任した。私が那覇支局長に赴任した八三年当時は知事二期目で、まさに絶頂期であった。西銘さんは、知事を三期務めることになるのだが、かつて県下十市の首長をほとんど革新系が占め、名だたる革新王国だったのを、西銘県政になって那覇市などごく一部を除き保守が奪ったのである。

代議士時代、田中角栄さんの派閥に属したが、知事になっても「俺は田中派」と公言してはばからない人だった。「豪腕知事」の異名がぴったりだった。

たとえば、朝日新聞連載記事「新沖縄報告——復帰から十年」の「現実路線」は、西銘さんのそのすご腕について、「西銘県政は、就任後これまでの三年半の間に、復帰後続いた革新路線を否定する政策を、積極的に打ち出してきた。屋良《やら》、平良《たいら》と続いた革新県政が、県内の石油備蓄量の上限を五百万キロリットルとしていた枠を取り払い、革新県政がずっと拒否してきた自衛官募集業務を開始、公立学校の主任制導入にも踏み切った」と描いた。

その結果、「県内十市のうち、かつては八市を革新市長が握った。今は逆に保守市長が七市を占める」という状態になった。この回の記事はこんな西銘さんの言葉で締めくくられた。

「昨年暮れ、那覇市内のホテルで開かれた『知事就任三周年激励パーティー』は、約千五百人の客でごった返した。上気した顔で西銘があいさつした。『私は毒入りまんじゅうでも、国勢発展の見地から勇気をもって食べますよ』」（敬称略）

私は、連載のキャップとして後輩記者が書いたこの記事に手を入れながら、こんなことを平気でいう西銘さんに興味を持った。後に那覇に赴任して、お付き合いが始まるとは想像もしなかったのであるが。

それから三年後に「新人国記」を書いたのである。私の記事が後に沖縄県議会や地元マスコミをにぎわす反響を呼んだ。西銘さんはこう語ったと、私はその人となりを紹介した。

「それは、ヤマトンチュー（大和人）になりたくて、なり切れない心だろう」

県知事西銘順治（六十三歳）に、「沖縄の心とは何か」と聞いて、即座に返ってきた言葉である。「沖縄は本当の姿において、まだ日本に復帰していない」と続けた。

中国への唐船船頭の流れを継ぐ父が、漁業の基地としたわが国最西端の与那国島生まれ。本籍は父祖の地で、琉球第一の聖地・久高《くだか》島に置く。「島の子」が東大を出て、那覇市長、代議士から知事二期目で田中派。かつての革新王国を保守安定へと変ぼうさせた。旧制中学のころから愛読書が英雄伝の数々。自身をその群像に重ねるのを夢とした。

「二つの顔」をもつ。あの沖縄戦を経験した県民に、「沖縄の基地は日米安保のかなめ。国家の安全にとっての必要悪だ。もう少し理解を示せ」とやる。だが、本土へは「巨大な米軍基地が存在することすら、何人が知っているか。その負担の重さを国民はわかってほしい。県政の苦労もそこにある」と訴える。

一六〇九年の薩摩の侵攻で属領化され、明治十二年の琉球処分で、固有文化もろとも王朝の消滅。本土の防波堤にされた沖縄戦。敗戦により本土から分断、米軍政下に。二十七年間の異民族支配に耐えた後の本土復帰は、どの県にもない基地の重圧が残されたままである。「沖縄は常に、本土から押しつけられた運命の下で生きてきた」

西銘は毎年、旧正月に久高島へ小舟で渡る。本島から六キロ、百余戸。琉球王も参詣したこの地は、今も祭事が毎月のようにある。年初は、ノロと呼ぶ神女から杯を受ける。知事といって特別扱いはなく、むしろの上で、島民全員と年齢順の番がくるのをじっと待つ。終われば、生を喜び、健康を祝う舞である。

「生命こそ宝の思想、他人にもやさしくという『守礼の邦』の原点が島にある。やすらぎと同時に誇りだ」と西銘はいう。（敬称略）

この「沖縄の心」についての西銘さんの「ヤマトンチューになりたくてなり切れない心」という発言を、県議会は取り上げて「真意は」とただしたり、地元の有力紙が文化面で連載記事を組むまでになった。現在に至るまで、沖縄が節目を迎える時などに持ち出される「歴史的な発言」になったのである。

✣想像できぬ「屈折」

西銘さんが言いたかったのは、沖縄人の本土への屈折した思いであり、それは本土からの「押しつけられた運命」のもとでしか生きてこれなかった沖縄の根強い反発、抗議、異議申し立てであるといえる。保守、革新といった政治家、文化人はむろん、一般の人々にも共通する感情だ。おそらく、本土人の多くが想像もつかない激しさをもつ。

「豪腕知事」と言われる人のきわめて叙情的な発言に私は心の底から驚いた。この取材に際して、私はあらかじめ、米軍の基地問題、沖縄振興開発計画、政治家を志した理由など七項目の質問を出していた。多忙な日程の知事だけに、取材時間も限られていたからだ。八五年一月二十八日、知事室でインタビューをしたが、今も手元にある大判の大学ノートを使った取材帳には、七ページにわたってやりとりの要点が残っている。

「その『沖縄の心』を持っている最たる人間は、豊平《とよひら》良顕さんや息子の良一君ではないのかな」と西銘さんは笑いながら話を続けた。

豊平良顕さんは、元朝日新聞那覇支局長で、戦後は沖縄タイムス社の創設に参加した。沖縄戦ですべてをなくした沖縄の文化復興を語る際に忘れられない人物である。良一さんは、沖縄タイムスの政治畑の記者が長く、後に社長、会長を歴任した。

良顕さんについては、「新人国記～沖縄県編」の第四回でこのように紹介した。

文化遺産の壊滅。沖縄戦は、県民の心のよりどころをも失わせた。首里城守礼門はじめ十一件二十棟の国宝のことごとくが炎上、消失し、現在、沖縄には国宝が一つもない。が、国破れて山河なしといわれたガレキの山に草木が芽生えたように、文化復興に取り組んだ男たちがいた。

「沖縄の文化と自然を守る十人委員会」座長の豊平良顕（八十歳）は、首里出身。朝日新聞那覇支局長から昭和十九年十一月、地元三紙が一県一紙体制で統合された沖縄新報の編集局長になった。三十九歳だった。米軍の進攻が近づいた二十年三月から首里城地下壕に足踏み式の印刷機を運び込んで、戦局の報道を続けた。猛爆に二カ月も耐えた。

「必死で作った紙面は、軍国主義そのもの。私は戦犯だ」と語る。捕虜で入れられた沖縄本島南部の収容所は死体の山だった。偶然に再会した朝日時代の部下、沖縄タイムス元社長上間《うえま》正諭（六十九歳）と死体運搬作業をしながら、激しく胸が痛んだ。

畑の中に転がっていた一個の抱瓶《だちびん》。移送された本島中部の収容所で見つけた沖縄独特の三日月形をした酒器に心を打たれた。その素朴な美しさと力強さ。愚直でおおらかな土着文化をよみがえらせることにしか、明日の沖縄はないのではないか。「米軍の長期占領の予感がその思いを深くさせた」

解放されて戻った首里市（当時）で文化部創設を市長に認めさせ、自らその中心になった。沖縄戦で、両親、姉、弟、四歳と二歳の娘を失った上間も加わり、総勢五人。

文化財の収集と芸能振興を同時に目指した。「どんなかけらでも集めてほしい」と呼びかけたら、小学生が道で拾った瓦の破片まで届けてくれた。琉球舞踊家の阿波連本啓《あはれんほんけい》（八十二歳）は、首里に伝わるわらべ歌で子どもたちに踊らせた。校庭の青空劇場で、市民は涙を流した。食べるだけが精いっぱいのころである。

豊平が館長をした首里市郷土博物館が発展して、今の県立博物館に。のち、上間らと沖縄タイムス創設に参加した豊平は、会長から現最高顧問。県文化財保護審議会会長も長く務めた。伝統文化の保護と振興の功績で第二十回菊池寛賞、第一回地域文化功労賞（文部省）。情熱なお衰えず、「生涯、ジャーナリスト」と願い、平和、自然保護運動の先頭に立つ。（敬称略）

西銘さんは見事に沖縄向けの「内向き」と本土向けの「外向き」の顔を使い分けた。記事に書いた米軍基地問題がその最たるもので、基地を人質に本土政府から予算を取ってくると私に話した。平気で「私はあくどい方だ」とも言った。「何しろ英雄伝が好きだったんだから」と悪びれなかった。この開放的な性格から保革を問わず、好感を持たれた。

県庁の秘書課が出す西銘さんの公式な経歴書には入っていないが、地元の社会大衆党の結成にかかわり、初代青年部長、政調会長、政審会長などを歴任した。立法院議員の時は社大党員だった。「あの当時、社大党は革新政党というより、国民政党として農漁民など各階層の利益の調和を図る、というのが政策だった」という。

東大生のころは、社会党に入党したこともある、と語った。「これからの世の中は社会主義でなくてはいかん、との当時の若者に共通した考え方」と振り返る。

また、東大を出た翌年の四九年からは沖縄ヘラルド（新聞）社長もした。「県民の啓蒙と、アメリカ統治に対する批判的活動をするために」というのが創設のねらいで、社説も論文も一人で書いた。

沖縄、沖縄人の運命に対する激烈な思いを若いころから持ち続けた人が語る「沖縄の心」は、どこか哲学的な響きさえ感じたのである。

✣「沖縄の心」を代弁

西銘さんは二〇〇一年十一月十日、急性心筋梗塞のために亡くなった。八十歳だった。沖縄タイムスなど地元マスコミは、「激動の戦後けん引」などと、巨星をたたえて、大きく報道した。一面、社説、社会面と多くの紙面が費やされたが、この「ヤマトンチューになりたくてなり切れない心」という言葉はさまざまに引用された。

沖縄タイムスを見てみよう。同年十一月十一日朝刊の一面トップの西銘さん死去の記事の本文は、『沖縄の心とは何か』と問われ、西銘氏が『ヤマトンチューになりたくて、なりきれない心だろう』と答えたのは有名。この発言は、沖縄のアイデンティティーを論じる場で度々引用された」と書き起こした。

また、「比類ない政治手腕発揮」との見出しをつけた社説も、「一つの時代が終わった」の小見出しをつけた文章の中で、「情に厚かった。典型的な『清濁あわせのむ』タイプの政治家だった。政治的場面で激しく敵対した各陣営の人たちでも、彼の人柄を悪く言う人は、ほとんどいなかった。『沖縄の心とは』と記者に問われ、『ヤマトンチュになりたくてなりきれない心』だと答えた話は、あまりにも有名である」と書いたのである。

さらに、「西銘語録」の五段抜き見出しにもこの言葉をあしらい、本文中に「ヤマトンチューになりたくて、なりきれない心だろう」「沖縄は本当の姿において、まだ日本に復帰していない」（八五年六月、朝日新聞社のインタビューで「沖縄の心とは何か」と聞かれ）と、紹介していた。

この日の紙面で印象に残ったのは、各界の追悼の言葉の中で、翁長《おなが》雄志那覇市長が述べたもので、米同時テロを受けて激減した本土からの観光客の誘致キャンペーンのため上京中だったが、「西銘さんの『ヤマトンチューになりたくてもなれない心』という言葉をキャンペーンで実感した。日本のために米軍基地があるが、そのために、沖縄の観光が打撃を受けている。西銘さんの時代から問題は全く解決していない。ぼくらの世代には、これを克服する責任がある」と語気を強めたというのである。

基地負担を押しつけたままの本土への抗議だ。保守系政治家もこう言わざるを得ない沖縄の重荷。西銘発言は沖縄人の心をまさに言い得ているのをあらためて感じた。

新聞の死亡記事の扱いは、社会の関心度を示す判断基準といってもよいが、朝日新聞の扱いは西部本社版が一面と社会面それぞれ三段見出し。大阪本社版は三段、東京本社版が二段見出しだった。「地方政治家」との判断であろうが、沖縄への関心度を示していそうで、私には感慨の残る紙面扱いだった。西部本社版の社会面記事ではヤマトンチューになりきれない心という「西銘発言」を取り上げて、「沖縄と本土の違いを意識し続けた」と書き、さらに江上能義琉球大学教授（比較政治学）の「沖縄の人の気持ちを最も代弁していた」とのコメントを加えていた。

✣「西銘君が肉付け」

西銘さんが、相好を崩して喜び、思わず私の両手を握りしめたことがある。知事二期目のときである。那覇市内の知事公舎で、納涼を兼ねてであっただろうか、各界から客を招いての立食パーティーがあった。朝日新聞那覇支局長だった私も出席したが、「本土のマスコミを代表して、スピーチを」と求められた。突然の指名で、何の準備もしていなかった私は、沖縄赴任以来、お会いしてその人柄に魅せられた屋良《やら》朝苗《ちょうびょう》・元知事から聞いて、強く印象に残った発言を紹介した。

屋良さんは、沖縄が本土に復帰する前の米軍統治時代の六八年に、沖縄県教職員会長から革新陣営に担がれて公選の行政主席選挙に立った。保守の相手は、那覇市長をしていた西銘さんだった。屋良さんは旧県立二中時代に、西銘さんを教えた師弟の関係にあった。保革のエース同士の対決は、二十三万七千票対二十万六千票で屋良さんが制した。「即時本土復帰」の訴えが通った形で、時の佐藤内閣にショックを与えた。

この後、屋良さんは本土復帰した七二年の知事選に勝ち、一期務めて、教員出身で県議会議長、沖縄社会大衆党委員長として革新陣営のまとめ役だった平良幸市さんが革新県政を継いだ。「自治権・反戦平和」を旗印にした平良さんは病気のため、惜しまれて任期半ばで辞任。七八年の知事選は、自民党代議士をしていた西銘さんが、折からの不況の時代に「本土企業の積極誘致」を訴えて革新を破り、十年ぶりに念願を果たしたのである。

私は、政界を退いていた屋良さんに那覇市内のご自宅で何度かお目にかかった。その際に、西銘県政への評価を聞いたら、思いがけない答えが返ってきたのである。屋良さんは質問にあまり考えることもなく、「私は沖縄の復興、発展の骨組みをつくったつもりだが、西銘くんはそれに肉付けをしてくれている」と笑顔をみせながら語った。積極的なプラス評価だったのである。

このエピソードを私はスピーチで披露した。西銘さんは、私の手を握りながら、「本当に、屋良先生はそうおっしゃってくださったのですね」と確かめた。前節でみたように、「清濁あわせのむ」と評された西銘さんは、批判を受けることもままあった。屋良さんのこの言葉へ示した喜びようは、くっきりとした印象として残る。

屋良さんを「新人国記」で紹介したのは、「額に苦悩刻みつつ」と題した連載第七回だった。淡々としながら、時に熱っぽく、端座する姿勢は一時間たっても崩れない。屋良朝苗《やらちょうびょう》（八十二歳)。ここ一、二年、不自由だった左目に加え、右目も白内障に。だが、話す相手に正面から向かう。「沖縄の良心」といわれた誠実さ、律儀さを感じさせる。

民族の叫びを凝集した祖国復帰運動、新生沖縄県の基礎づくり。昭和四十七年の歴史的な転換をはさんで琉球政府の初の公選主席、県知事として八年間、沖縄のカジ取りをした。

大波にもまれた。「即時無条件全面返還」の願いは、核疑惑を含んだ巨大な米軍基地がそのまま残る結果となった。復帰三年後の沖縄国際海洋博の開催や石油備蓄基地建設の認可は、「大資本奉仕、自然破壊だ」と、支持母体の革新内部から攻撃を受けた。

「優柔不断とよくいわれた。事実、私は悩み通しだった。クマのように知事室の中を一人で歩きまわった」という。辞意をもらしたのも一度ではない。額に刻まれたシワは「沖縄の苦悩」と報道された。

それを屋良自身の強さが支えた。「教師の信念」と屋良はいう。読谷《よみたん》村出身で苦学して沖縄師範、広島高師を出た。沖縄県立二中教諭などのあと、戦時中は台北師範教授。

「戦争への反省から、平和な国土の建設に教育こそが主柱と痛感した。その教育は、社会基盤が健全であることが必要だ。異民族支配は不健全な仮の姿だ。こう考えると、教育の復興と祖国の憲法に帰ることは同次元のものとなり、基地の重荷を押し付けられても、まずは復帰の実現、と判断した」

国が大金を投じての海洋博開催も、「全国民の沖縄への善意の表れ」と批判をかわし、「これらの選択を今も正しいと信じている」ときっぱり。

虫めがねに頼っての読書やランの花の咲く小庭の手入れの日々。だが、厳しい保革対決が続く中で、革新側は重要な席には屋良を招く。「先生がおられるだけで安心感がある」と、参院議員の喜屋武《きゃん》真栄（七十二歳）はいう。（敬称略）

✣「時は偉大だよ」

いかに、屋良革新県政は毀誉褒貶が激しかったかを物語る述懐である。西銘県政への温かい評価は、知事でなければ分からない苦しさを共有する立場にいる教え子への応援だったのかも知れない。

屋良さんに対しては、とくに本土復帰の態様を巡る批判が強かった。いまも革新陣営や労働運動側が復帰運動について「総括」できていない現実につながり、歴史の判定を待つほかない事態になっているといえよう。

屋良さんは、県政の最高責任者としての苦衷を赤裸々に話したのだが、教育者としての歩みを元にして、教育こそが沖縄を支えるという確固とした信念を持っていた。異民族支配というのは、正常な社会ではない、その異常事態から脱して、「日本の憲法」の下に行くこと、それが平和な国土・沖縄県を実現させるのだ、あたかも三段論法のように理路整然として言葉を強め、語り続けた。

当時の取材ノートには、いくつか屋良さんの言葉に私が引き込まれたところが印を付けて残っている。

その第一は、「時は偉大だ、とよく言うんですよ」との発言だった。「救いようのない問題も堅実に時間をかけてゆくと、なんとか解決されてゆくものです」と続けた。

さらに、「日本に戻ることは基本的に正しいことだ。勝ち取る復帰は百パーセントということはあり得ない」「問題は後で解決すればいい。そのための人材育成こそが教育の使命だ」「復帰した沖縄を豊かにしたいという日本国民の善意を信用したい」との話の部分に私はマルをつけていた。特に、聞いていて思わずうなずいたのは、「優柔と言われようと真心こめてやってきた」と話したときであった。ある意味で、格好をつけるような言い方といえようが、素直に受け入れられたのである。

締めくくりは、「苦境に立ったときは、県民を信頼すると言ってきた」であった。誠実さとともに、一徹なまでの思いが、強く伝わってきた。

私の記事を読んだ屋良さんが、後日、知人にこう、笑いながらもらしたと、知らせてくれた沖縄の友人がいた。

「いやぁ、困ったね。新聞にああ書かれると、ランの手入れを手抜きするわけにはいかなくなったよ」

目が不自由になった屋良さんに悪いことをしたかな、と私は思ったのであった。

✣伏流水は保革同じ

この師弟知事の本音の姿を見た私は、九八年に沖縄タイムスが創刊五〇周年企画として連載した「私と沖縄タイムス」と題した大型コラムの執筆を依頼された際に、このような文章を出だしに書いた。

「本土人に対する複雑な気持ち。それは沖縄人の『心の伏流水』。保守、革新を問わずに流れ、時に噴出する」

沖縄との縁は十七年ほどにもなるが、こんな思いが取材のたびに強まるのを感じてきた。

復帰後、沖縄の知事は四人。うち、故平良幸市氏以外の故屋良朝苗、西銘順治、大田昌秀の三氏は何度か取材する機会を得た。その経験からの実感である。

この後は、先に書いた豊平良顕さん、新川明さんらとの交わりを紹介して、最後は「論説委員の四年間、社説やコラムは沖縄を中心に書いた。沖縄の友人、知人の顔が近くにあった。その時も今も、本土新聞人の責任が問われていると感じている」と記した。

コラムは九八年九月十五日付で掲載された。当時、私は朝日新聞西部本社の編集委員だった。何だか、肩に力が入った文章で、読み返すと苦笑するが、私の正直な気持ちではあった。

お会いした三人目の知事だった大田昌秀さんについては、複雑な思いが巡る。米兵によるいまわしい少女強姦事件をきっかけに、「平成の乱」とも言われた沖縄県と日本政府との対立、県民のみならず、本土の心ある人が大田さんに寄せた期待、などさまざまの断章で、大田さんの姿を追い、少なからず記事を書いた記者の一人として、私は大田さんへの評価を変えざるを得なかった。いま、振り返ってもこの気持ちに変化はない。極めて残念な思いで、この人を描いた軌跡をたどってみたい。

第Ⅴ章 沖縄戦を背負い続け

✣生き方を規定

大田昌秀さんは、一二五年沖縄県久米島の生まれ。九〇年十一月の知事選で当選し、同十二月十日から就任した。知事を二期務め、現在（二〇〇五年）は参議院議員である。

学者生活が長く、著書・論文・寄稿が数多い。九〇年三月に定年を一年残して琉球大学教授を辞職したが、その退官を記念して、琉大の後輩教官らが記念論文集『沖縄を考える』を同年十月に刊行した。五百ページを超える大部で、巻末に著書目録などが紹介されている。

五三年の『沖縄健児隊』を皮切りに、退官するまでに共著を含めて四十一冊を数える。また、学術論文も三十近くある。これらは専門の研究テーマである「ジャーナリズム論」に関するものがかなりあるのは当然だが、それにもまして沖縄戦に関する記述が突出しているのが目につく。自身の「沖縄戦体験」が投影した学者生活だった。

大田さんを最初に取材し、紙面で発言を紹介したのも、八二年の連載「新沖縄報告―復帰から十年」であった。前述したように、沖縄と本土の心の距離を主テーマにした第一回の「やっと来た寅」で、山田洋次さん、大江健三郎さんを取り上げたが、お二人の心の動きに続いて、沖縄人が持つ本土への「距離感」「違和感」について、大田さんに意見を求めたのである。再録になるが、次のように書いた。

「本土の人に違和感を持つ」三五パーセント、「アメリカ人に反発を感じる」一八パーセント。最近、沖縄で発表された那覇市内の復帰世代の若者二千人への意識調査の結果である。「なにしろ、日本と付き合い出してわずか十年だから」と琉球大学教授大田昌秀。（敬称略）

実に短い文章である。字数が制限された連載記事のために、長い取材時間に比べて、失礼になったと思っているが、この言葉には大田さんの本土への思いが凝縮していたのである。「付き合い出してわずか十年」、だがその前の「二十七年」という三倍近い長さは、米軍という異民族の軍隊の統治下にあったんだよ、という言外の思いが心に響いた。

私が大田さんに話をお聞きしたいと思ったのは、沖縄が本土復帰を実現した七二年の夏に出版された著書『沖縄のこころ』（岩波新書）に接したことがきっかけだったと記憶している。この本は、「沖縄戦と私」との副題がつけられているが、この副題を主テーマにする方がいいぐらい、内容は大田さん個人の戦場体験を中心にしていた。「沖縄のこころ」というテーマを正面から論じたものでは、まったくなかった。異例な構成の本といってよかった。

大田さんは、沖縄師範の生徒の時に「鉄血勤皇隊員」として動員され、激戦続く戦場におもむいた。そこで体験した非人間性丸出しのできごとを、これでもかというほど描き出した文章の連続に、なぜ、大田さんがタイトルを「沖縄のこころ」とし、巻末の「おわりに」で、「日本人のこころ」を問いかけるのかが、痛いほど理解できた。

本の前書きにあたる「はじめに」は、自分の沖縄戦経験がいかに大きく生き方に投影しているかを書いた。

「沖縄が私の原点たりうるのは、何よりもそこで沖縄戦を体験したことによる。沖縄戦の経験が、いろんな意味でその後の私の生き方を規定してきたことは、否定できない。おそらく私は生きているかぎり、沖縄戦の体験を背負いつづけぬわけにはいかないだろう。私が沖縄戦の渦中、つまり極限状況下で目撃した人間行動のかずかずは、あまりにも衝撃的で、重いものがあった。それ以来、私は、右にするか、左にするか、いずれかの判断を迫られる大きな問題に直面するたびに、沖縄戦の経験を尺度にして考え、決断してきた」

そして、「沖縄の心」についての考え方を述べた。

「沖縄の文化は、『やさしさの文化』だといわれ、俗に沖縄の心は、『平和を愛でる心ばえ』だともいわれる。いずれも、一言で表現しうるほど単純明快なものでないことは、いうまでもないが、私は、折りにふれ『沖縄の心』は、『反戦平和』『人権回復』『自治確立』という考え方が柱になっていることを、くりかえし指摘してきた。これは、たんなる思い付きではない。戦前、戦後の資料を整理・分析し、大衆運動の歩みを丹念に跡づけたうえでの結論である。しかも、沖縄の心が、このように形成されるようになったのは、沖縄戦の体験にくわえて、戦後二十七年に及んだ異民族の軍政下にあった生活実感からきている」

単なる自己体験からの見解ではなく、学者としての研究を通しての結論として、「沖縄のこころ」の定義づけについての強い自負がうかがえる文章である。

✣「アジアの心に通じる」

大田さんは、自著『沖縄のこころ』の「おわりに」にも副題をつけた。「人間としての証しを求めて」と題した内容は、生まれ島である久米島で、四五年八月十五日の日本の終戦のあとも島に残っていた日本兵が、島民をスパイ視して虐殺したとされる事件を中心にしている。概略をみてみよう。

大田さんは、沖縄で日本軍の組織的な抵抗が終わったとされる四五年六月二十三日――この日は戦後、沖縄県が「慰霊の日」と定めた――から、三カ月も過ぎた九月二十三日になって米軍にとらえられた。捕虜として沖縄本島中部東海岸の金武《きん》湾に面した屋嘉《やか》の収容所に送られた。この収容所には数千人の捕虜がいたが、ある日、沖縄の青年たちが一人の他府県人を地べたに正座させた。久米島で海軍の通信隊長をしていた兵曹長（注：大田さんの本では実名）である。

この元隊長は、「スパイ容疑」で島の住民二十人ほどを殺害したことを認めた、と大田さんは聞かされる。「私の記憶に誤りがなければ」と大田さんは、断ったうえで、元隊長は自らの戦時中の所業をわびて、「なぐって気がすむなら、思いどおりにしてくれ」と、言った。取り囲んだ青年たちは、かれによって虐殺されたという久米島島民の縁故者と名乗る人たちだった。

ところが、本土復帰を一カ月後に控えた七二年四月、この元隊長が全国放送の民放番組に出演し、殺害された人々の遺族や関係者の目前で、「指揮官として当然のことをしたまでで、謝罪する気はない」と開き直る態度に出たため、二十数年の歳月をこえて、一挙に表面化した。

『沖縄タイムス』はこのテレビ対決の模様を詳しく報じたが、それによると、元隊長は事件のあらましをほとんど間違いないと認めたうえで、こう発言した。

「私は日本軍人として戦争に参加し、米軍が進駐した場合、軍人も国民も、たとえ竹槍であっても打って一丸となって国を守るのだという信念、国の方針で戦争をやってきた。だから敵に好意をよせるものには断固たる措置をとるという信念でやった」

沖縄の住民は耳を疑い、怒りが噴き出した。地元紙は連日、反響を取り上げた。久米島の具志川村の議会は声明文を出し、「このような残酷な行動命令をしたのは、自己保身以外のなにものでもない」と断じた。

だが、何よりも沖縄の人々の心を傷つけたのは、本土の視聴者の多くが、「戦争の犠牲者は、沖縄だけではない。沖縄を甘やかすな」といった反応を示したことだった。

大田さんは、「だが、真性の『日本人の心』がこのようなものであるはずがない」と述べ、「このいまわしい事件にふれざるを得ないのも、読者と今一度、考えてみたいからに他ならない。沖縄戦にまつわるすべてが、いかに沖縄の人々に回復不可能な傷跡を残しているかを、よく理解することなしには、『沖縄』はとうてい理解しようがない」と続ける。

そして、最後にこう結んだ。

『沖縄の心』は多くの点で、朝鮮、中国、アジアの人々との心に通じるものを持っており、それだけに「沖縄」を理解することを通して、アジアに心を開くことにもなるのではないだろうか。沖縄戦を軸にして、『沖縄の心』をさぐる所以《ゆえん》も、またそこにある。わたしたち日本人すべてが、人間としての証しをなす道でもあろう。

✣「女ってどんなものか」

長々と、『沖縄のこころ』を書いた大田さんの言葉を紹介したのは、自身が指摘するように、大田さんの思考、行動の根っこにある沖縄戦体験への思いの深さを知るためである。

「新人国記～沖縄県編」の第三回「死線を越え学者に」で、大田さんらを紹介したが、こんな書き出しとした。

琉球大の学長東江《あがりえ》康治（五十六歳）、法文学部教授大田昌秀（六十歳）と沖縄国際大学長高宮広衛（五十六歳）、本土の筑波大教授比嘉《ひが》正範（五十五歳）。四人とも沖縄戦で鉄血勤皇隊員として死線を越え、戦後、米政府の援助のガリオア資金などで米国留学した体験をもつ。沖縄の代表的知識人が歩んだ道のりの典型である。（敬称略）

さらに、この四人の横顔を書いたが、大田さんはこう描いた。

大田は久米島出身。師範学校本科二年生で動員された。沖縄戦終えんの地となった摩文仁《まぶに》の丘で、足に重傷を負った。捕虜になったのは、二十年九月二十三日。日本の終戦から一カ月以上もたっていた。

「絶望的な日々が続くある夜、婚約者のいる友人が腹ばいになって海をみながら、『女ってどんなものなんだろうか』とポツリといった言葉が、昨日のことのように耳に残っている。その友人は戦死した。あまり私は幸せになってはいかん、という気がいつもある」

早大からシラキュース大大学院卒。社会学・広報学者として、『沖縄のこころ』など著書多数。ここ十数年、米国で公開された沖縄統治関係の公文書の研究に業績を上げている。宜野湾《ぎのわん》市の自宅は、米軍普天間《ふてんま》基地に近接しており、国の手で周辺住宅の防音工事が進められているが、大田はガンとして応じない。「工事をさせることは基地容認につながる」（敬称略）

この時の取材は、大型の大学ノート六ページにわたっている。びっしりと埋まった万年筆書きの私の文字をみるたびに、大田さんの口調や表情が今でもよみがえってくる。取材は長時間に及んだが、大田さんの言葉がとぎれがちになったのは、沖縄戦の戦場体験にふれるときで、特に友人について語るときは口調が重く沈んだ。

「女ってどんなものなんだろうか」と話した友人。大田さんはある離島出身の同級生の実名も述べたのだが、私はまさに純粋な若者らしい、なんという「生」への気持ちの強さだろうかと胸を打たれた。

取材ノートには、この前後の大田さんの発言をこう記録している。

「このA君の声が昨日のことのように耳に残っている」「いいやつはみんな死んだんだ」「友人が殺された中で生き延びた。私は、生かされたのだ。何とかして戦争の無意味さを伝えないと友人も浮かばれない」

そして、こんなエピソードも語った。

「戦後の講演会で私が話したとき、一人のおばあさんが手をあげて、言ったんです。『なぜ、私の息子が死んで、あなたは生きているのか』と。なんと答えられるというのだろうか」「戦後に、遺骨収集したときに、海岸で何日も寝て、遺骨を探す人の姿を見た。残された者の悲しみをどう、言えばいいのだろう」

大田さんが、「三十三回忌を機会に正確な記録を」と取り組んで、七七年に著わした『鉄血勤皇隊』には、鉄血勤皇隊に所属した男子学徒隊と、女子学徒隊の動員数や死亡した人の数字が示されている。

それによると、沖縄師範の動員数は三百八十六人で、死者は二百二十四人を数え、死亡率は五八パーセントだった。あと、県立一中、二中、三中、那覇市立商業学校、県立工業学校、県立農林学校、県立水産学校、私立開南中、県立八重山中の九校を加えた全十校の動員数は、千七百八十人、死者は半数の八百九十人に達している。

一方、女子も、沖縄師範はじめ七校で五百八十一人が動員され、死者は三百三十四人と、死亡率は男子を上回る五七・五パーセントに及んだのである。

大田さんは取材の中で、これらの数字のいくつかを私に示し、「彼らの死がまったく報われない現実が今ある」と怒りをにじませた。

沖縄では、三十三回忌を「終わり焼香」と呼び、三十三回忌が終われば、亡くなった人は神になるといわれるというが、大田さんは「沖縄戦で死んだ子の追悼をやめる人など一人もいない。いつまでも、いつまでも、鎮魂の行事を続ける」といった。

✣信念を貫き

取材中、会話を何度か中断しなければならなかった。記事に書いたように、大田さんの自宅は米軍の普天間基地のすぐ近くだった。かつての米軍将校用の住宅だとかで、平屋建てである。その上を大型の攻撃型ヘリコプターが飛び交う。ごう音で、テーブルを挟んだだけの大田さんの声が聞き取れないのだった。

「研究で資料読みをされているときなど、困るでしょうね」と話しかけたら、「そりゃ、そうですよ」

と苦笑いが返ってきた。それでも、記事で紹介したように「基地容認につながる防音工事は受けない」との姿勢を変えてこなかった。信念の強さに圧倒される思いがしたのである。

午後のそう遅い時間ではないころに始まった取材だったが、日がかげってきた。沖縄戦についての大田さんの言葉が続いた。

「どのような全体像なのか。住民の犠牲は何人なのか。数字はいろいろ出ているが、確たることは分からない。国が一度も詳しい調査をしていないのだ。わずかに厚生省が六一年に十四歳未満の子供については行ったが。基本的な事実さえ明らかになっていない。あれだけの犠牲を沖縄に強いていながら」

さらに、若者たちの無念の死を振り返って、このように述べたのである。

「われわれの先生の一人でも、いや指導者の一人でも、天皇のためということだけが最上の生き方ではないと教えてくれていたら、結果は同じであっても生き方はずいぶん違っていただろう。沖縄は軍隊がいたために、敵の攻撃が激しく、住民の犠牲が逆に増えた。軍備で国民の命が守れるかを学問的に明らかにすべきだ。ほかのどの学問的業績を上げるより大事だと考えて、研究者の道を歩んできた。時間が足りないという気さえしている」

後に平和学研究に、より深く、しかも積極的に取り組むことになるのだった。

✣国民の関わりで

前述した大田さんの退官記念論文集『沖縄を考える』には、九〇年三月に大田さんが行った公開最終講義の内容を収めている。タイトルは論文集と同じ「沖縄を考える」である。（九六年に出た岩波新書版『沖縄　平和の礎』には「沖縄の平和と未来を考える」のタイトルで収録されている）。

この中で、「戦後の問題を考えるときに」として、「いつも日本本土と沖縄の問題を対比的に考える」と研究の基本姿勢としてきた点を説明した。

それは、興味深い視点なのだが、「沖縄の幸、不幸というのは沖縄人自身が決定するというよりも、常に日本本土の政治・経済・文化、そして日本国民一般が沖縄の問題についてどう関わるかということ、どのような認識を持つかということによって非常に大きく左右されることが、長いこと沖縄研究をしてきた私の結論的見方です」と述べている。

この「日本国民一般の関わり、認識」というのは極めて抽象的だが、世論と言い換えてもいいだろう。後に知事二期目に起きた米兵による少女強姦事件がきっかけとなった沖縄対日本政府の争いのとき、大田さんは自身の学者生活の総括ともいえるこの認識をどう生かそうとしたのか、生かし切れたのか。後に、詳しくみてみたいと思う。

大田さんの「沖縄の心」論は、すでに明らかになったように沖縄戦体験を根本とする平和希求の心といえる。わたしが論説委員時代に関わった「戦後五十年　明日を求めて」の社説シリーズでは、新川さんを取り上げたもののほか、鉄血勤皇隊やひめゆり学徒隊について記述したものを書いた。九五年六月二十三日付の「住民の犠牲を忘れまい」である。以下、引用する。

✣「住民虐殺が特色」

国吉真一さん（六十五歳）が、沖縄戦で「陸軍二等兵」の鉄血勤皇隊員にされたのは、那覇市立商業学校三年生の時だ。一九四五年三月、満十四歳である。身長一四七センチ、体重は四〇キロ足らずだった。軍服のそで口は三つ折りにした。

米軍が沖縄本島に上陸した四月以降は砲弾をくぐり、壕《ごう》から壕への伝令が主な役目になった。「私ら、消耗品でした」。同級生二人は戦場に消えた。

敵陣を突破して、六月中旬、六十人ほどの兵隊と本島南部の壕にいるところへ、攻撃を受けた。同級生の頭部が吹っ飛んだ。ここでも、ひとり生き残った。

捕虜になったのは六月二十五日だった。米兵にえりをつかまれ、軽々と持ち上げられた。「小さいな。本当に兵隊か」。それが、尋問の第一声だった。

＊

沖縄の師範・中等学校の生徒は、男子が鉄血勤皇隊、女子は看護隊として、二千人以上が動員された。死者は半数を超えた。商業学校の場合は、九十九人のうち、戦死は七十二人で、実に七割以上だった。

沖縄では皇民化教育が徹底していた。国吉さんは、生を得た喜びよりも、生き残った者のうしろめたさを語った。

「ひきょうもの」「敵が上陸したらすぐ手を上げただろう」「自決せよ」。ハワイの収容所から帰された数年後、慰霊祭で学徒隊代表として弔辞を求められた時だ。遺族のば声が飛んだ。反論はしなかった。

石原昌家・沖縄国際大学教授は、八四年に出版した『証言・沖縄戦』の中で国吉さんを取り上げた。遺族の気持ちを考える国吉さんの強い希望で、仮名の「国場真吉」とした。作家吉村昭の手でも小説化された。そこでは、「比嘉二等兵」だった。

国吉さんが人前で体験を語り始めたのはここ数年のことだ。多くの教え子をなくした教師から、「若者に戦争がどんなものかを伝えるのは、生存した者の責務」と励まされ、やっと心の整理がついた。

宮良ルリさん（六十八歳）は、ひめゆり看護隊員だった。ガス弾攻撃を受けた第三外科壕で生き残った生徒五人の中の一人だ。いま、ひめゆり平和祈念資料館で、証言委員として体験を伝える「語り部」である。

四度目の映画化の「ひめゆりの塔」を先月、満員の那覇市内の映画館で見た。自分の姿と重なり、涙をこらえられなかった。同時に、違和感もあった。壕内で死んでゆく女教師と生徒が手を差しのべあっている。静的であり、きれいすぎた。

宮良さんがガス弾を浴びた時、壕内では苦しさの余り自決する手りゅう弾の爆発音や、うめき声に満ちていた。自分も「先生、殺して」と叫んだ。兵の一声で腰の手ぬぐいを自分の小便にひたして口に当て、かろうじて助かった。

＊

四十数万人の県民が、日本軍と混在したため、激烈な地上戦に巻き込まれた。幼子も含め、犠牲者は十数万人とされる。

米軍の上陸で、本島はたちまち南北に分断された。日本軍の主力がいた中、南部が三カ月近くも主戦場になった。住民の死者は軍人を大きく上回った。

北部でも住民はマラリアに苦しみ、食糧難に襲われた。だが、米軍の進攻に伴い、「戦後」も始まっていた。米軍は収容所を設けて避難民を保護し、食料や医療を提供した。中、南部で激戦が続いている五月に不十分ながら、早くも学校も開かれた。

住民にとって、あまりの違いだった。

沖縄戦の性格について、八八年の第三次教科書裁判の沖縄出張法廷で、当時琉球大学教授だった大田昌秀・沖縄県知事は「本土防衛のため」、安仁屋《あにや》政昭・沖縄国際大学教授は「国体護持のためだ」として、ともに「捨て石作戦だった」と断じた。

「一木一草まで戦力化する」との軍の言葉そのままに、南部で絶望的な段階になっても降伏せず、時間稼ぎをして住民を道連れにしたというわけである。

大田知事も沖縄師範学校生の時、鉄血勤皇隊員にされた一人である。本島最南端に追われ、足に負傷して生死をさまよった。「友人がくれたカツオ節一本と、靴下の片方に入った米で助けられた。生かされたのだ、といつも思っている」と語る。

教科書法廷で大田さんは、「沖縄戦の特色は、日本軍による住民虐殺事件が非常に多かったことだ」と述べた。住民が想像もしなかった出来事だった。「それだけに、沖縄戦と言えば、沖縄の人々はまずそのことを思い浮かべる」と付け加えた。

＊

沖縄戦についての出版物は、六〇年代ですでに百点を超えていた。多くは軍隊中心で、住民への視点は欠落していた。

住民側からの実相を記録する運動が起きたのは、七〇年代になってからだ。石原、安仁屋両教授は、数千人の証言を聞き取ってきた。『沖縄県史』や『那覇市史』などに収録され、いまも市町村での戦争記録づくりが行われている。

次々と証言が重ねられたのが、住民殺害事件である。スパイ容疑を名目に、直接軍人が手を下した。「集団自決」の強要や食料の強奪、避難している壕からの追い出しも明らかになった。朝鮮人軍夫も、犠牲者だった。

住民の殺害に地元民が関係していた例もある。触れることはなお、地区全体のタブーだ。石原教授が調べた時、執ような脅迫にさらされ、出版は三年遅れた。

戦いの初期に、食糧難で鉄血勤皇隊を解散させた教師がいた。安仁屋教授が本人の証言を得たのはつい最近である。長年の沈黙は、「話が広まると旧軍関係者に命を狙われる」と半ば信じていたからだ。

二十三日は沖縄の「慰霊の日」である。沖縄戦で日本軍の組織的抵抗が終わった日とされる。だが、多くの住民や兵がこの後も命を失った。

膨大な数の「点」を結び、沖縄戦の全体像を浮かび上がらせる努力が続いている。だが、死者の数さえ確定していない。国が中心になり取り組むことではないか。

沖縄で何があったのか。その実相がつまびらかになるまでは、本当の「慰霊」にはならない。

（敬称略）

国吉さんも生き残って「ひきょうもの」とののしられた。大田さんが「あなたはなぜ生き残ったのか」と言われたのと同じであろう。タクシー運転手をしていた国吉さんと戦場体験の場所を取材で回った。沖縄本島中部にある浦添《うらそえ》市の自然壕や、雑草に覆われて道と呼べるものがない南部の壕など、国吉さんは「ましらのように」と表現できるほど、すばやい足取りで現場に向かった。何度も訪れたことを物語っていた。

壕に着くたびに、中に入って、タバコに火を付け、岩などの上にそっと置いた。「タバコの好きな戦友や上官がいたから」と語った。「十四歳の兵」だった国吉さんが五十年たっても欠かさない鎮魂の姿だった。

第Ⅵ章 立ち上がる女性

✣少女強姦事件の発生

大田さんは九四年十二月、二期目の知事当選を果たす。翌九五年の九月はじめ、沖縄本島北部で米兵三人による少女強姦事件が起きた。日本国中の大きな関心を呼ぶ、「平成の乱」の始まりになるとは、最初、だれも予想しえなかっただろう。が、復帰後も絶えぬ米兵の蛮行に心からの憤りを見せた沖縄女性の声が、大きく世論を動かし、うねりは本土をも巻き込んだ。沖縄対日本政府の訴訟までに発展することになった。

「沖縄に真の人権や、憲法上の権利の保障を」と求める県民の多くは大田さんを支持し、一躍、大田さんは全国から注目される「時の人」になった。だが、このことは実は、功罪半ばする道の始まりだったことも、予想した人はいなかっただろう。

私は、この「奔流の中の沖縄」の報道に関わった。大田さんの知恵袋のようにして、支えた大学教授らや、市民の姿を追い続けた。この歴史的な動きを見続けた新聞記者としての客観的な記録を残したい、という願いがこの本の執筆の大きな理由の一つであった。

私の書いた記事からたどってみたい。

全国版の夕刊一面のコラム「〈窓〉論説委員室から」で、「沖縄米兵の犯罪」と題し、少女強姦事件を取り上げた。掲載されたのは、九五年九月十八日付である（夕刊のない地域は十九日付朝刊）。事件が起きたのは九月四日だったから、しばらく日にちが過ぎていた。


沖縄県北部で今月初めに起きた米兵三人による女子小学生暴行事件は、なんとも腹立たしい出来事だ。

「米軍の占領意識丸出しの犯罪」と北部市町村議会議長会が抗議決議で述べたように、沖縄では、一九七二年の本土復帰まで戦後二十七年間も続いた米軍統治時代の記憶を一気によみがえらせた人々が多い。

当時は、米兵が侵入してくると、ドラム缶や酸素ボンベを棒でたたいて大きな音を立て、みんなで女性を守った。それでも犠牲は少なくなかった。

警察の調べでは、今度の容疑者はレンタカーで待ち伏せし、粘着テープまで用意していたという。女性を無差別に狙ったようだ。女性団体が「沖縄女性すべてに対する人権侵害だ」と厳しい声明を出したのは、歴史と重ねた思いからだろう。

米国側も在沖総領事が大田知事を訪ね、「われわれもショックをうけた」と陳謝したほか、軍も住民感情を考え、実弾砲撃演習の中止を発表した。

だが、小、中学校では、夜間に女子生徒・児童が外に出る際には父母が付き添うよう指導する動きもある。傷は深いのだ。

警察は逮捕状を取ったが、米軍が安保条約に基づく地位協定一七条の規定を理由に、「日本側が起訴するまでは」と三人を基地内に拘束していることにも、批判が起きている。

この条項は外務省も以前から「米国との政治的妥協の産物」として、「説得力ある説明は必ずしも容易ではない」としてきた問題のある規定である。

沖縄県はじめ、保革を超えた地元の各党が地位協定の見直しを求めているのは当然だ。

安保体制で沖縄には過大な基地の負担がある。そのうえ女児に取り返しのつかぬ悲しみを負わせるとは許しがたいことだ。繰り返さぬよう、日米政府の真剣な対応を望みたい。

実は、地元でも事件を報じたのは八日と遅かった。地元記者は発生をもっと早く知っていたと思われるが、被害者の人権に配慮したのだろうか、紙面化するまで時間がかかったようだった。全国紙も、西部本社管内の紙面には掲載されたが、目立つ扱いではなかった。少女の人権重視もあったが、米兵によるレイプ事件は沖縄では後を絶たず、それだけ本土ではニュース性が大きくないとみたのかもしれなかった。

だが、ひとたび事件が明るみに出ると、沖縄では県や議会が米軍への抗議行動を起こした。犯人たちの身柄が、地位協定によって、起訴までは日本の警察に引き渡さず、基地内の拘束にとどめていることにも、人々は怒った。私は地元紙の報道でこの動きを詳しく知り、「地位協定問題」を問題意識にして、取り上げたのである。

さらに、朝日新聞の社説はこの事件を軽視することへの警鐘を鳴らした。沖縄の空気が正しく伝わっていないようで、日本政府が事態を甘く見ていると思ったからだ。九月二十日付で、「沖縄の怒りを受け止めよう」と求めた。

複数の若者が女子小学生を拉致し、暴行する。そんな犯罪が身近で起きたら、だれもが憤り、犯人の厳正な処罰と、被害者の傷をいやすためにできるだけのことがなされるよう、声をあげるだろう。

沖縄本島の北部の町で事件は起きた。三人の米兵の犯行である。

沖縄では、事件への抗議行動が広がっている。事件がむごく、痛ましかっただけではない。沖縄県警は米軍に身柄の引き渡しを求めたが、拒否された。日米安保条約に基づく地位協定一七条で、日本側が容疑者を起訴するまでは、米軍によって拘束される制度になっているからだ。こうした事件の場合、ドイツなどでは、米兵の身柄を起訴前でも確保できる仕組みがある。

県議会が米軍当局への抗議文と、地位協定の改定を日本政府に求める文書を採択し、多くの市町村議会、小中学校長会や労働、女性団体も立ち上がった。

大田昌秀知事が、モンデール駐日大使と河野洋平外相に県民の憤りをぶつけ、協定見直しを迫ったのは当然である。

沖縄は戦後四半世紀余り、米軍の統治を強いられた。そして、祖国復帰後は東西冷戦の最前線として、冷戦後はアジア太平洋地域をにらむ米国の大軍事拠点として、基地の重圧に苦しみ続ける。

米軍機の騒音対策ひとつをとっても、本土との落差は歴然である。

沖縄には、過去の米兵犯罪に対する対処で積もりつもった不信があるばかりではない。沖縄が突きつけているのは何より、全土の一％に満たない面積の県に在日米軍施設の七五％が集中し、市民生活を妨げている現実をどうするかという問いである。

繰り返される米兵の犯罪と地位協定の不平等性が、こうした現実をあらためて沖縄の人々に思い起こさせ、怒りに火を付けることになった。

にもかかわらず、村山政権には、沖縄の訴えを正面から受け止め、事態の改善に乗り出そうという姿勢がうかがえない。

河野外相の主張を認める形で現行協定の継続を確認し、閣内不一致を恐れたのか、見直しに積極的とも受け取れる発言をした衛藤征士郎防衛庁長官にくぎを刺した。

協定が捜査に実害を与えていないということを理由にしている。だが、これでは本当の答えになっていない。

いうまでもなく、沖縄の基地は日米安保体制のかなめである。十一月の日米首脳会談では、冷戦後の時代の安保体制の意義と運用が主議題となる。

村山富市首相がアジアの安全保障のために、日米安保体制の強化を図ろうとするなら、なおのこと、沖縄県民の負担を軽減しつつ、その政策への理解を得るための努力が不可欠のはずである。まして、基地問題の解決は首相をはじめ社会党閣僚たちの主張ではなかったか。

外務省は、地位協定に一部でも手を付ければ、米軍駐留経費負担問題をはじめ、さまざまな改定論議に踏み込まざるを得なくなると恐れているのかもしれない。そうだとしたら、悲しむべき怠慢である。

素早い対応を見せたのは米側だ。実弾演習を中止し、モンデール大使が大田知事に謝罪した。

もっとも、沖縄の反基地感情が、米国内の安保解消論を勇気づけかねないと懸念してのことかもしれない。

安保体制は明らかに曲がり角にある。新しい国際環境にふさわしい、より健全な安全保障協力をめざして、地位協定を含む安保体制の運用全体を見直すことこそ、両国政府の責任なのだ。

私は夕刊コラム「〈窓〉論説委員室から」で、その年の一月と三月にも日米首脳会談などとからめて沖縄の基地問題について書いていた。一月十日付では「基地と爆音」と題して、身勝手な米軍の行動を取り上げた。

日米首脳会談では沖縄の基地問題が語られるそうだ。村山首相は、大統領にこんな現地の話も伝えてほしい。

先月初めのことだ。名護《なご》市で、米軍戦闘機二機が二日間も小、中学校や民家の上を低空で飛んだ。「ものすごい音で、児童もびっくりしていた」と小学校教頭が様子を話す。

那覇防衛施設局は、局長名で民間地域を飛ばないように口頭で在沖米四軍調整官に申し入れ、米軍は九日になって名護市長に陳謝した。

調整官と知事と施設局長の間には、以前から、民間地域で飛行しないとの紳士協定がある。しかし、約束は守られない。

そのたびに申し入れをするが、効果は少しの間だけだ。「悪ふざけ」のようだというから、驚かされる。

昨年十月には高知県の山中でやはり低空飛行の米軍機が墜落した。住民が神経をとがらすのは当然だ。それでなくとも、沖縄では演習中の事故が多い。

皮肉なことに、今回の出来事は、沖縄県が基地対策室に「在日米軍地位協定等研究会」を発足させた直後に起きた。

地位協定は安保条約に基づいて結ばれ、米軍が日本に駐留する法的根拠だ。県は、治外法権的な基地使用や演習の在り方などに疑問を持ち、国に改正を求めることも考えている。

この問題に詳しい本間浩・駿河台大学教授は、「日米地位協定の手本である北大西洋条約機構（NATO）軍の駐留では、各国が明確に主権を尊重しあっている。日本は、米軍機の騒音問題に国内法は適用されないというなど運用面で遠慮が目立ち、特異だ」と指摘する。

自治体としては異例の取り組みだ。米軍の身勝手に我慢できぬ、との切実さを感じる。村山首相は、安保堅持を言う前に、住民の平穏な生活に最大の配慮をすべきではないか。

ご覧のように、地位協定問題をここでも取り上げていた。自省を込めて言えば、地位協定の矛盾、問題点などをそれまで朝日新聞として、また那覇支局長経験者として、しっかりと取り組んできたかといえば、じくじたる思いがあった。これは、本土のマスコミに共通するだろう課題である。ともあれ、この時に本間教授という数少ない専門家を知り得たのはありがたいことだった。

それにしても、学校や民家の上を「悪ふざけ」のように低空で戦闘機が飛ぶというのは、言語道断である。この発言は、日本側の役所の担当者からでたもので、私は思わず「えっ」と聞き返したほどだった。

それでなくとも、沖縄では本土復帰前に小学校へ米軍のジェット戦闘機が墜落して、児童十一人を含む十七人が死亡し、児童百五十六人を含めて負傷者二百十人を出す大惨事が起きたことがあり、県民の忘れがたい記憶となっているのである。五九年六月三十日のことで、授業中の沖縄本島中部の石川市の宮森小学校に墜落、炎上した。米軍は「訓練中の爆発による不可抗力の事故」とし、パイロットは脱出して無事だった。

このような事故が引き起こした住民の不安に、米軍はどこまで真剣に応えてきたのか。はなはだ疑わしい実体を明白に物語った「悪ふざけ事件」である。

次いで、九五年三月十八日付では「沖縄の重荷」のタイトルで書いた。

「沖縄の米軍基地の数は一九七二年の本土復帰以来、八十三から四十に減少した」

米国防総省の「日米安保関係報告」は、日本での米軍基地の現状をこう記述している。半分以下になったというわけだ。一見、沖縄へかなり配慮してきた印象を与えよう。だが、問題は面積だ。わずか一五％減っただけであり、まだ沖縄本島の二割も占める。一方で、本土では基地数、面積とも九〇％以上減少している。

沖縄に広大な基地を残してあるから、安心して本土の基地を減らせたとも読み取れる。

一月の日米首脳会談以来、沖縄の基地問題が近年になく動き始めた感がある。象徴的なのが那覇軍港の返還だ。

返還には移設の条件がある。玉沢防衛庁長官が沖縄を訪れ、「中部地区」を挙げて大田知事に協力を求めた。

知事は即答しなかったが、移設案に反対もしなかった。従来の「撤去」の要求から、整理縮小への第一歩として、移設もやむなし、との考えがのぞく。

知事の自宅は宜野湾市の普天間基地に近い。国の防音工事の申し出を琉球大教授の時から拒否し続けている。「基地を認めることになる」との理由だ。

五年前、退官講義に「沖縄を考える」と題して語った。

「沖縄の幸、不幸は沖縄人が決するというより、常に日本本土の政治・経済・文化、そして日本国民が沖縄の問題にどうかかわり、どう認識するかによって大きく左右される」

その知事が二十年来の懸案解決に現実路線を選ぼうとしている。移設先が明らかになれば、沖縄の自治体間での重荷の押し付け合いになるだろう。

米国防総省は「東アジア戦略報告」で日本の戦略的な価値を強調している。沖縄の大きな負担が前提になっていることを見落としてはなるまい。

前述した大田さんの退官最終講義の発言を引用して、米国というよりも、本土人の沖縄基地への無関心さに警鐘を鳴らしたつもりだった。そして、いま振り返ると大田さんの「現実路線選択」にこのころから私が注意を払っていることが分かる。むろん、政治家としての判断が現実的であるのはやむを得ないところかも知れないが、「啓蒙学者」としての歩みとの乖離が大きく目立つときには、県民との信頼関係もまた、大きく傷つくことになるのである。

✣黙ってはいけない

ここまで読んでこられて、違和感をもたれた人がおられるかも知れない。コラムの中では「女子小学生暴行事件」と書いているのに、この本の原稿では「少女強姦事件」としている点だ。「暴行事件」と「強姦事件」では、言葉のニュアンスがずいぶんと違う。「集団レイプ」という言い方もあるが、漢字にした場合など、「強姦」という言葉は被害者の女性の気持ちを考えると、いかにも直截的過ぎる。

実は、このような理由もあって、新聞は「強姦」を言い換えて「暴行」という用語を使っていた。

これに、異議を唱えたのが、女性グループだった。「物事の本質をごまかすことにつながる。本当に被害者を守ることにはならない」との主張だった。新聞報道が「強姦」という言葉を再び紙面に登場させるきっかけとなった。たしかに、「暴行」では、殴っただけでもそうだ。レイプという卑劣な行動を隠すような役割を果たす可能性もあった。

その口火を切ったのは、九五年八月に北京で開かれた第四回世界女性会議（通称「北京女性会議」）に参加して沖縄に戻ってきた「NGO北京・沖縄うないの会員約七十人などだった。代表メンバーで那覇市議の高里《たかざと》鈴代さんは十日に帰国した那覇空港で、事件を伝える新聞記事を見せられた。その三日前に北京で、軍隊が女性に及ぼす加害を訴えて、世界の女性が連帯できると感じたばかりだった。

高里さんらは翌十一日、涙を浮かべて、抗議の記者会見をした。これを受けて、二十二日からは三日連続で沖縄各地で女性の抗議集会が開かれた。怒り、悲しみが噴出したのである。

沖縄タイムスの取材に高里さんは語っている。

「基地問題は平和や土地、環境では取り組みは強い。が、女性の人権を考えた取り組みがあっただろうか」と問い、「女性たちの絶対許さないという意識、黙らずに気持ちをつなげて訴えなければ」

高里さんは婦人相談員の経験があった。そのときに統計上の数字の裏には、泣き寝入りを余儀なくされて一人で悩まなければならないレイプ事件の被害女性が多いことを知っていたからである。

高里さんらの活動は、地元沖縄の行政への働きかけだけではなかった。沖縄から「構造的暴力組織」である米軍の基地をなくすためには、国民の理解が必要、と本土でも活発に運動を繰り広げた。力強い応援者がいた。米国生まれ、日本キリスト教団沖縄教区の宣教師をしていたキャロリン・フランシスさんである。朝日新聞那覇支局員をしていた川端俊一記者が書いた朝日新聞のコラム「ひと」欄で、こう紹介されている（九五年十月二十二日付）。

米国のコロラドで生まれ、育った。美しい山々に囲まれた静かな町に軍の基地ができた。人々が出入りし、町は潤った。同時に、犯罪が増え始めた。繁華街で起こるさまざまなトラブル、そして売春……。「沖縄に似ています」

兵隊相手の女性に対する世間の冷たい視線に疑問を抱いた。女性の人権問題にかかわるきっかけだった。

米軍基地が集中する沖縄本島中部に住む。教団の「社会担当」として、女性の視点で戦争や差別を考える場を提供する。基地問題から伝えるニュースレター「沖縄から」の編集にもかかわる。

先ごろ、北京で開かれた世界女性会議に参加した。帰国直後、本島北部での米兵による少女暴行事件が表面化。参加した女性グループで抗議に立ち上がった。「暴力の訓練を受けた軍人に平和を教えられるでしょうか」

四十年前、米国の大学を卒業して宣教師の派遣事業に応募した。以来、ほとんどを日本で暮らす。

八〇年代には、東京・新宿でアジア人女性の相談を受ける「ＨＥＬＰ」を開き、ケースワーカーを務めた。

六年前、牧師の夫とともに沖縄へ。「母国がかかわる基地問題や人権問題に取り組みたい」と考えたからだ。事件後、「米国人としてどう思うか」と度々、問われる。「その前に一人の女性として考えたい」と答えるのが常だ。

事件を契機に仲間と、性暴力被害者の電話相談とカウンセリングのボランティアを計画。米兵の身柄引き渡し規定の不平等さから日米地位協定の見直し論議が起きているが、「被害者のこと（人権保護）も忘れないで」という。

二十一日、彼女は事件に抗議する八万五千人の人の渦の中にいた。

✣「わら一本で崩れる」

高里さんは、十月二十三日東京・池袋で開いた「沖縄・米兵による強かん事件に抗議する十・二三女たちの集会」で、こんな話をした。

「友人のキャロリン・フランシスさんは、『何で沖縄は急にこんなに怒り出したのか』と、本土の多くのマスコミの人から聞かれて、『ラクダの足が一本のわらで折れた、ということわざがアメリカにある。背負える以上の荷物を積んでしまうと、もうこれ以上は耐えられない。ラクダが立っているときに、吹けば飛ぶような一本のワラなのに、背中に一本置かれたので足が崩れてしまったのです』と答えた」

そして、「この五十年は、もう一本のワラで崩れる年月ではないかと思います。この少女に加えられた暴力は、『もうこれ以上はいい』という私たちの思いに突き刺さっています」と聴衆に訴えたのである。本土の人たちの心を揺さぶる集会だった。沖縄問題への関心がじわじわと広がってゆく手応えを高里さんらは感じていた。

このころ、各地からの講演依頼が私にも相次いだ。大阪にも二度出向いたことがあった。講演のあと、「私に何ができるでしょうか」と大阪の若い女性から真剣な顔で質問されたこともあった。

いま手元に、「軍靴に踏まれ砕かれていった姉妹たちよ」と題する鎮魂歌がある。高里さんが友人とつくったもので、高里さんからいただいた。沖縄戦から五十年の九五年六月二十三日の「慰霊の日」に発表された。

戦争中　戦後　そして現在まで、日本軍兵士に、米軍兵士に、
強かん、殺害されたおんなたちへのレクイエム

戦後から十年経って……由美子ちゃん！

砲弾の雨が止み、火炎放射で焼かれた山野に、
生き残った女性たちが安堵したのも束の間、新たな軍靴の暴力。
銃を突きつけられ、軍靴に踏まれ、
ふたたび女たちのからだが戦場のように踏み荒らされたのだった。
収容地でたくさん起こった強かん。
「老若を問わず、妊婦であろうと、食料や燃料の薪を探しにいった山野で、
農作業の最中に集団の中から拉致したり、
いえの中に押し入って家族の面前で暴行を加える者もいた（『沖縄・女たちの戦後』より）
終戦後、沖縄を取材したタイム紙の米人記者でさえ
「沖縄駐留の米軍軍紀は世界中のどの米軍軍紀より悪い」
と、記事に書いたのだ（一九四九年十一月二十八日号〝忘れられた島〟）

一九五五年の夏の盛り、米兵に強かんされ殺された由美子ちゃんは、まだ六歳だった……
今生きていればあなたは四六歳。どんな女性になっていただろう。

仕事や家庭、そして子どももいただろうか

ベトナム戦争の時にも……

ベトナム戦争真っただ中の一九七一年だった。
沖縄の米軍基地からB52が北爆にひんぱんに飛び立っていったあの頃
二一歳の良子さん（仮名）は三人の米兵に輪かんされ、それ以後の人生を完全に奪われた
「私は二一歳で人間でなくなったけれど、わたしは人間よ。忘れないでね」
正気と狂気の中で彼女は叫び続ける……そこは真っ暗な闇のなか……

日本国家の罪として……

一九九〇年秋、故郷韓国についに帰ることなく
那覇市内でひっそり亡くなったペ・ポンギさん。
強制軍隊慰安婦となった異国の地で、七七歳の人生を閉じた彼女のように、
戦火の中で、本名も覚えてもらえず、兵士に都合のよい源氏名《げんじな》で呼ばれたまま死んだのは、
いったい何人の女性たちだったか。
そしていったい何人が無事に故郷に帰れたのか。

沖縄の全島に日本軍が作った軍隊慰安所は一三〇か所を越え、
沖縄の女性も軍隊慰安婦にされていた。
女性たちの傷はいまだに顧みられず、復権さえ約束されない。日本国家の罪。

平和……のいしじ

五〇年前にこの沖縄を染めた血が、誰のものかはもう問わない。

思想や立場は違っても血の色は皆同じなのだから。

二度と憎しみで血が流されないために、
一人ひとりの名前を呼んで不戦を誓う平和のいしじ……

刻まれた名前の後ろに、前に、行間に、刻まれることのない少女たち、おんなたちの名前。

源氏名ではなく、本名でしっかり覚えてほしいと求める声がする。

由美子ちゃん……ペ・ポンギさん……良子さん……

平和の礎《いしじ》にあなたたちの名前はないけれど、私たちは忘れません。

あなたの恐怖、あなたの孤独、あなたの無念、あなたの願い、あなたに流れ続ける涙を。

多くのあなたたちがいる。

ルワンダに、カンボジアに、すべての紛争地に、世界のあちこちに……。

ボスニア・ヘルツェゴビナで集団強かんにあった女性たちも。

戦後五〇年のこの日

今日、戦後五〇年のこの日
基地の爆音は止まず、沖縄はいまだに基地の島。
五〇周年、沖縄上陸作戦に参戦した元米軍兵士が大挙して来沖している。
八〇となり、七〇代となったかつての戦士たち。
戦士たちが今沖縄に建立するのは戦友を称える慰霊碑。
戦士たちが今返しに来たのは盗んだ「戦利品」。
だが、兵士たちがかつて奪ったたくさんの女たちの尊厳は、
もはや返そうにも返せないではないか。
女性には戦後はなく、今も続く戦時体制。
歴史の中のどんな戦争も「聖戦」なんてありはしない。
女性にとって平和とは、
軍隊――その構造的暴力が地上から完全に消えること、と、はっきり言おう。
そして平和を作り出すために行動しよう！

なぜなら、従順と沈黙で女たちも同じく加害者の側でもあったのだから。
今日、この非平和な時代に、世界中のおんなたちよ、おとこたちよ、
平和の実現に向かって共に歩み出そう。
それぞれの心に平和への約束のリボンを結び、姉妹たちへのレクイエムを捧げます。

女子小学生がむごい犠牲者になったのは、このレクイエムが発表されたわずか二カ月余り後のことだったのだ。

レクイエムは、前述の東京・池袋の集会でも紹介され、感動を巻き起こした。本土で講演をする沖縄の学者なども、これを読み上げる人がいた。会場に取材に出かけた私は聴衆の婦人がハンカチで涙をぬぐう姿も見た。

心情的な事柄で基地問題が解決するとは思わない。が、動かす力にはなりうると確信した。「平成の乱」はこのような女性の思いが詰まり、大きな後押しとなったのである。

第Ⅶ章 沖縄の「権利宣言」

九五年九月二十八日は、沖縄県全体が異様な興奮に包まれた日といっても過言ではない歴史的な一日となった。大田さんが県議会で、反戦地主らが所有する米軍用地の強制使用の法的手続きで、国から求められた土地調書などへの代理署名について拒否する方針を表明したのである。

この、米軍のために国が土地を強制収用するのに必要な法的手続きは、複雑である。後に紹介する私の記事のなかでも触れているが、概略をみておきたい。

日米安保条約などで日本政府は米軍に基地を提供する義務を負っているが、沖縄で特徴的なのは、本土と違ってその土地は私有地が多いことだ。沖縄県のデータによると、九四年三月現在では、私有地が三二・七％、市町村有地が三〇・五％、県有地が三・六％で、全体の六六・八％が民公有地であり、国有地は三三・二％にすぎない。一方、本土では国有地が八七％と圧倒的に多く、民公有地は一三％にとどまっている。

この差異は、本土の米軍基地が戦前の旧日本軍の土地をそのまま使用してきたのに対して、沖縄では本土復帰前の米軍統治時代に「銃剣とブルドーザー」との言葉が物語るように強制的に民有地が取り上げられてきた背景から生じた。

そして、復帰後は米軍用地特別措置法などで、提供に応じない民有地や自治体の土地を収用できるようにした。そのための法的手続きを国はクリアしなければならないが、大まかにいって三段階を経ることが必要だ。

まず、国は強制使用する土地、物件の調書を作成するが、それに、地主の署名をもらうことが必要とされる。署名を地主が拒否した場合、代わりに市町村長の代理署名が必要になる。それをも拒否された場合、こんどは知事に国の機関委任事務として代理署名をしてもらわなければならない。

今回の場合、反戦地主らが二千人近く署名せず、代理署名を求められた九人の地元首長のうち、那覇市、沖縄市、読谷村《よみたん》の三首長も代理署名に応じなかった。つづいて大田さんが地元の意向を尊重して代理署名を拒むことを表明したわけだ。

三段階すべてで拒絶にあい、国としては知事に職務執行を勧告、命令し、それにも知事が従わなければ、高等裁判所に提訴するしかなくなった。

最終的には、裁判所の命令にも知事が拒否の姿勢を続ければ、総理大臣が代理署名することになる。

複雑だが、それだけ土地を強制的に収用することは、憲法の財産権の問題もからんで、より慎重さが求められることを示しているといえよう。

今回の問題の米軍用地のうち、早いところでは、翌年三月に使用期限が迫っていた。大田さんの強硬な姿勢で、国の不法占拠になる事態も予想されることになり、「沖縄対日本政府」の対立の構図が鮮明になった。

少女強姦事件を契機にした県民の積もり積もった本土政府と米政府への怒りの爆発に、大田さんが後押しされたのである。

✣どよめきと拍手

大田さんは、県議会の代表質問に、次のように答弁した。

「沖縄の米軍基地の多くは戦後、米軍が地主の同意なしに強権的に接収し、構築してきた歴史的経緯がある。国土面積のわずか〇・六パーセントしかない本県に、全国の米軍専用基地の七五パーセントが集中し、振興開発を図る上で著しく障害になっている。実弾砲撃演習は地域の環境破壊をもたらし、飛行場周辺の住民は、たえず航空騒音にさらされている。また、一歩間違えれば大惨事につながりかねない航空機事故が数多く発生し、基地周辺の市町村では米兵によるさまざまな刑事犯罪が頻発している。

最近起こった米兵による少女暴行事件は、許すことのできない蛮行であり、再びこのような事件が起きないよう日米両政府に強く申し入れているところである。

冷戦構造が崩壊し、ようやく沖縄の基地の整理縮小が進むと期待していた。しかし、去る二月に米国防総省が発表した「東アジア戦略報告」によれば、極東における米軍駐留は当面十万人体制が維持されることになっている。

あわせて、十一月の村山首相とクリントン米大統領の会談では、日米安保条約の再評価を行い、日本の米軍基地をよりグローバルな視点から運用を見直すのではないかと懸念されている。

これらのことから、沖縄の基地機能が強化され、基地が固定化されるのではないかと強く危惧している。このような沖縄の基地を取り巻く背景、諸般の状況を踏まえたとき、今回の土地調書・物件調書への署名・押印は到底、困難であるとの考えから、国に対して、署名・押印はできない旨の通知をすることにしている」


（沖縄タイムス刊『50年目の激動』の「大田知事の答弁全文」より）

沖縄の長年の思いが凝縮した内容だった。知事のこの表明に対し、県議会の場内は、「よしっ」という議員の声や拍手でどよめいた。議場から知事室に戻ってきた大田さんを職員は拍手で迎えた。

翌日の朝日新聞朝刊（西部本社版）は、「日米間の矛盾をもろ手に引き受けてきた『沖縄』が突きつけた最後通牒とも言える宣言だった」と書き、様々の声を紹介した。

「沖縄戦記録一フィート運動の会」事務局長の中村文子さん（八十二歳）は、「『そうあってほしい』と長年願っていたことが実現した。本当によく決断してくれた」と涙ぐんだ。沖縄県高教組の伊礼弘宣書記長も「沖縄の基地問題はこれまで、振り向かれることが少なかった。今回は暴行事件をきっかけに、全国的に関心が高まり、それに後押しされたのではないか」と話した。

沖縄市の畜産農家の池原秀明さん（五十二歳）はテレビニュースで知事発言を知り、ブラウン管に向かって思わず拍手した。「反戦地主」と呼ばれる「権利と財産を守る軍用地主会」の事務局長である。「少女暴行事件の根源は安保にあった。いまは本土でも安保反対の雰囲気が強くなっている。安保がなくならない限り、私たちの生命や財産は脅かされ続けることになる」と語った。

一方で、沖縄県経営者協会副会長の宮城豊さん（六十九歳）は、「『基地は悪』という声ばかりが強いが、安保条約がある以上、容認せざるを得ない。侵略の抑止力として作用している事実もある」との立場だ。そして、「署名拒否で、軍用地問題を日米地位協定とからませて米国側をけん制し、地位協定問題の交渉を有利に進めようという知事の意図が感じられる。両者は本来、別次元の問題。これらを結びつけるような行動をとるべきではない」と批判した。

さらに、三年前に賃貸契約の更新に応じた軍用地主の一人で、米軍嘉手納飛行場に約千五百平方メートルの土地を持つ照屋唯光さん（五十八歳）は、「土地の提供に同意していない地主の話。我々には関係ない」と素っ気ない。軍用地主二万八千人で組織する沖縄県軍用地等地主会連合会の総務課長をしている。安保条約に基づき日本は米軍に土地を提供しなければならないのだから、適正な補償の下でそれに協力しようというのが連合会の立場である。「日米地位協定に不平等、不公平があるなら、当然見直しは要求するべきだ。だからといって、安保全体を拒否するわけにはいかないだろう」と話した。

知事発言への反響は、このようにくっきりと分かれるのだが、当時の沖縄の空気は知事への共感の声が圧倒的に大きく響いた。一方で、大田さんへの反発を感じた人々はマスコミ取材には応じていたものの、集会など表だったところには姿を見せなかった。だが後日、代理署名訴訟で県が敗れたうえ、強制使用手続きの次の段階である「公告・縦覧」の代行を大田さんが受諾したあとは、次々と前面に出てくることになる。

この極端な変化を私は見て、分厚いレリーフノート二冊に整理した取材ノートを、一冊は「応諾以前」、もう一冊を「応諾以後」と分けている。それほど、沖縄社会の意識の変化は大きくなるのだが、それはまだ一年余り後のことである。沖縄は本土も巻き込んで奔流の中で、かつてない経験を重ねることになる。

✣「本土はなぜ引き受けぬ」

私はすぐに沖縄入りして、社説の執筆に取りかかったが、懸念が一つあった。大田さんが代理署名拒否の姿勢を変えることはないだろうか、という点である。東京の論説委員室からも、大丈夫だろうかと聞いてきた。慎重になったのには理由がある。

大田さんは、基地全面撤去の公約を掲げて九〇年に初当選したが、翌九一年、米軍用地の強制使用問題で那覇防衛施設局から代行業務を求められた際、当初は拒否する姿勢を見せたが、結局は応じた経緯がある。第三次沖縄振興開発計画（九二年―二〇〇一年）の成否を「人質」に取られたため、現実路線を取らざるを得なかった、とされた。この応諾を巡り、支持母体の革新政党、労働団体幹部との話し合いでは、怒号がとびかい、ついには大田さんから「私の限界であり、沖縄の置かれた限界。私がだめと思うなら、クビにして」との発言まで飛び出す一幕もあった。

この時の気持ちを、大田さんは今回の代行拒否方針表明のあと、記者団から「九一年には国の代行業務である公告・縦覧には応じたが」と問われたのに対し、「ある意味で公約に反する行為だったので、非常に心苦しかったが、行政に十分習熟しておらず、県の職員に迷惑をかけたくなかった。いろいろな課題を解決するためには、現実的な配慮も必要と踏み切った」と説明した。

だから、今回も何らかの振興策を政府から引き出すことと引き替えにした「現実的解決」を狙って、代行応諾の道を選ぶのでは、との見方が根強かった。県は那覇防衛施設局から少女強姦事件が起きる数日前には「もうタイムリミット」と迫られており、沖縄タイムスは、「代理署名受諾を示唆」と一面で報じたこともあった。編集局幹部は後日、この時の紙面について、「大田さんが、ある著名人の出版記念会のあいさつの中で、『平和への初心は変わらぬが、政治家とすれば、現実対応を迫られ、苦しいこともある』と語ったことなどから判断した」と話した。

私は沖縄の各方面に裏付け取材を重ねた。返ってくる答えは、「あの事件が起きたことで、知事が応諾できる環境ではなくなった」という点でほぼ一致していた。

社説は、九五年九月三十日付で、見出しは「怒る沖縄が突きつけたもの」だった。

日本政府は、米兵による女子小学生暴行事件に対する沖縄の怒りを軽く見すぎていたのではないか。

日米地位協定を見直すべきだとの広範な声に耳を貸さず、「運用」の改善で済まそうとしていることこそくともいえるやり方が、一段と強い反発を呼ぶことになった。

米軍に提供する土地を日本政府が強制使用する手続きの委任事務を、大田昌秀知事が拒否する方針を打ち出したのである。

日米の政府が地位協定の見直しを避けたのは、論議が安保体制そのものへ波及するのを恐れたためだった。だが、皮肉なことに、その判断が「沖縄の怒り」に火を付け、安保の運用に直接響きかねない事態を招いた。怒りの背景にある沖縄への基地集中が、安保体制のアキレスけんであることが改めて浮き彫りにされたといえる。

日本政府は、安保条約と地位協定の取り決めで米軍に基地を提供することになっている。国有地以外の用地は、借り上げたり、提供を拒む人の土地を強制的に使用したりしている。

沖縄では、この基地提供が、本土では想像も出来ないほど重荷なのだ。沖縄本島では、全面積の二〇％を占める。「基地の中に沖縄がある」といわれるほどである。

しかも、基地の成り立ちが本土とは全く違う。沖縄戦の際の米軍の占領と、その後の米軍統治時代の強制的な民有地の取り上げによるものだから、民間が所有する割合が特に高いうえ、反戦地主などの提供拒否者が少なくない。

那覇、沖縄両市長と読谷村長がこの人たちの意をくんで、土地調書への代理署名を拒否していた。読谷村では面積の半分近く、沖縄市では約四割が米軍基地だ。航空機騒音、演習中の事故など、生活への影響も極めて深刻なのだ。

大田知事は暴行事件の後、政府が早々と「事件の捜査に支障がなく、協定見直しの必要性なし」の方針を出した時から、「たんに捜査技術上のことでなく、主権の問題なのだ」と繰り返してきた。戦後二十七年間も異民族支配を受けてきた、悲痛な体験が言わせた言葉であろう。

日本政府は二十七日に米国と「おもいやり予算」の新しい特別協定を結んだ。この協定は「米軍の維持経費はすべて米国の負担」とする地位協定二四条の取り決めにもかかわらず、日本が多くを負担するという実質的な改定の効果をもつものだ。

金を出すためには、地位協定の拡大解釈までするのに、人権や主権にかかわる条項では尻込みするご都合主義に、怒りが増幅されるのは無理もない。

知事が異例の強硬な態度を取っているのは、世論の動向を見極めたのであろう。姿勢は容易に揺るがないようにみえる。

根っこにあるのは、進まぬ基地縮小へのいらだちだ。米国防総省の「東アジア戦略報告」は、東アジアでの十万人体制の維持をいい、日本の戦略的価値を強調した。その中心が沖縄の基地である。

十一月のクリントン米大統領と村山首相の会談では、東アジアの安定にとっての安保体制の意義が再確認される。沖縄の過重な負担は軽減されそうにない。

戦後五十年もたちながら、こうした現実が続く沖縄の姿を日本政府や政党をはじめ、本土の人々はどれほど理解しているだろうか。安保体制の必要性をいうなら、日米政府は、地位協定の見直しはむろんのこと、基地の縮小に動くべきであろう。

大田知事の問いかけは、本土にこそむけられている。

社説本文中でなお、「姿勢は容易に揺るがないようにみえる」と、慎重な構えをとったことにお気づきになるかと思う。

あわてた政府は拒否表明の翌日には、宝珠山《ほうしゅやま》昇防衛施設庁長官を沖縄へ派遣して大田さんへの説得を図ったが、面会すら実現しない事態になった。しかし、大田さんの方にも重圧がかかりつつあったのだろうか、公の場での発言が聞かれなくなっていた。

私は十月二日に県庁に出向き、大田さんへ面会を求めた。地元マスコミの個別取材を受けないことにしていたことを配慮して、「表敬訪問」ということで了承を得て、知事室で待っていると、議会から大田さんが戻ってきた。

野党から防衛施設庁長官と会わなかったことなどを質されたりして、やや上気したように見えた大田さんは、九月三十日付の朝日社説にふれて、「いい内容だ。力づけられた」と語った後、「いろいろ本土の政治家や学者などが日米安保の大切さを今さらのようにテレビなどで話しているが、自分の県で基地を引き受けようという人はだれ一人いないではないか」と立ったまま私に言った。

ハッとさせられるような強い口調だった。さらに「（一九五五年に六歳で米兵に強姦され殺害された）由美子ちゃん事件のことを本土では何人が知っているのか。酷いことがくり返されてきたのだ」「代行拒否は不意打ちではない。基地問題が解決しないなら、拒否もあるぞ、と政府関係者には言ってあったんだ」と続けた。

近くの部屋には与党の議員が集まっていた。「大丈夫。負けないよ」との声が聞こえた。

沖縄県内では、ますます少女暴行事件への抗議が広がり、十月三日には伊良部《いらぶ》町議会が日米地位協定の見直しなどを求めた抗議決議を全会一致で可決。ついに、県内五十三市町村議会のすべてが抗議決議を採択したことになり、本土復帰前に米軍の強制土地収用に反対して住民が立ち上がった「島ぐるみ闘争」の再現のような形になっていった。

✣「民族の血が騒ぐ」

こんな沖縄の状況をどう表現すれば、本土の読者に分かってもらえるか。社説は、個々の論説委員が執筆するが、論説委員室の全体会議にかけられ、委員同士の自由な討論を重ねる。そのやりとりを考慮して、デスク役の論説副主幹が最終的にまとめる。文字通りの「社を代表しての意見」であり、個人の意見表明は別の場を利用しなければならない。

当時、大型のコラムで「私の見方」という欄があった。論説委員はここにはあまり書いていなかったが、私は「是非に」と手をあげた。

地元の人たちへの取材は、昼間はもちろん、例によって夜の「泡盛談義」も何度かあった。日ごろ冷静さで知られるある新聞人が、グラスを片手にして、いきなり「民族の血が騒ぐんだよね」と切り出したのには、驚かされた。「いままではこぶしを振り上げても、スローガン的なもので終わった。ヤマトやアメリカに怒りはあるが、ぶつけても、何も変わらない。無力感に近かった。それが、爆発したんだ」。沖縄方言も交えて、ひとしきり、沖縄の興奮状況を語ったのである。

さらに、「知事の主張の正しさに、みんな連帯感を持っている。こんなに自信を持った沖縄は久しぶりだ」と話し、「それにね」と笑った。

「女房にたきつけられるんだ。自分の女の子のことを考えて、と。地位協定は男の問題だけではないよ、とも言われてね」

「沖縄は『権利宣言』をした」と題した文字通りの「私の見方」は、九五年十月十七日の全国版に掲載された。


ふだんは冷静な沖縄の友人たちが、感情をあらわにした。大田昌秀知事が、米兵暴行事件をきっかけに、米軍用地強制使用手続きの代理署名拒否を表明したと知った時のことである。

「シタイ!」（よくやった）と言い、「チャーヤガ」（それみたことか）と言った。

知事に共感し、本土政府へ投げつける言葉である。「こんなに自信を持った沖縄は久しぶりだ」とさえ言う人がいた。県民の多くが、戦後五十年のうっ屈した思いを取り払ってくれたと感じたのだろう。

だから、政府が日米安保体制の維持に影響が出かねないとして、「地位協定運用の改善」「基地縮小の促進検討」とあいまいな誘い水を向けても、知事の姿勢はゆるぎそうにない。

知事は代理署名を拒否した理由を、自ら手を入れた長文の文書で発表した。私は、これを本土と米国に向けた沖縄の「権利宣言」と受け止めている。

いわば、日本国憲法の言う民主主義や平等、公正を沖縄で実現せよとの要求であり、基地を着実に縮小してゆくために、もう引かぬ、との決意を表明したものと思うからだ。

基地の歴史から説き、「基地の巨大化は米軍統治時代に、銃剣とブルドーザーで住民の同意も得ずに土地を取り上げた結果だ」と批判した。

政府は基地返還に努力してきたというが、「本土復帰後二十三年たっても、面積で一五%にすぎない」と、過重な負担が変わらぬ実態を指摘する。

さらに、「基地あるゆえに事故や犯罪が続発する」とし、「二十一世紀に向け、若い世代のため、基地のない平和な沖縄をめざす」と宣言したのだ。

知事をここまで思い定めるようにさせたものは、世論の強さもあるが、「沖縄戦五十年」という節目の年そのものではないか、と私は考えている。

沖縄の平和運動の原点は、住民を巻き込む地上戦となった沖縄戦である。知事は取材を受けたり、催事であいさつしたりするなかで、記憶を繰り返し鮮明にせざるを得なかったのだろう。

師範学校生の時に鉄血勤皇隊員とされ、飢えとけがに苦しみながら、かろうじて一命をとりとめた体験の記憶である。

十年ほど前の琉球大学教授当時は、亡くなった友人の個人的な思い出の多くを私に語った。それが、今年六月に会った時は、ウジにまみれた死体の散乱の様子を話した。先月に県が主催した「平和シンポジウム」では、戦場での無惨な死を、聴衆が異に感じるほど予定の時間を超えて語った、と聞いた。

人間の尊厳を奪い、青春時代を奪った戦争をはげしく憎む「原点」に、七十歳の知事がより強く傾斜するのを見た。

その沖縄戦を、学者時代から「本土防衛のため、沖縄を犠牲にする捨て石作戦だった」と断じ、本土の身勝手さを批判してきた人である。

暴行事件の後、知事が地位協定見直しを要請に行った際の政府の態度は冷淡だった。米国の意向ばかりを気にしていた。改めて、ご都合主義を強く感じたことと思う。

知事は十一月の日米首脳会談で日米安保の重要性が再確認されることは、基地の固定化につながるとの懸念を持っている。

だからこそ、「沖縄だけに米軍基地の七五％を集中させることが、なぜ許されるのか。安保が重要というなら、なぜ本土の都道府県が平等に基地を引き受けないのか」と問うのである。

安保問題は、沖縄では庭先の問題なのだ。二十一日に開く県民総決起大会は、「権利宣言」の確認の場となろう。政府は地位協定の見直しはむろん、「二十一世紀の沖縄像」を明確にする義務があると思う。

少し、力みのある見出しかなと思ったが、抑圧され続けてきた沖縄の叫びを、大田さんが県民を代表して語ったからだった。

全力を挙げた支援体制ができつつあった。私は、四年の論説委員生活が終わり、編集委員となって、引き続きこの大揺れの沖縄の報道に関わった。中でも、旧知の学者・文化人の多くが大田さんのブレーンとなったため、前例のない裁判闘争の内面の多くを知る機会を得たのだった。

第Ⅷ章 市民・大学人が結集

✣歴史の転換点に

「私の見方」が掲載された四日後の九五年十月二十一日、宜野湾《ぎのわん》市の海浜公園で「少女暴行事件を糾弾し、地位協定見直しを要求する県民総決起大会」が開かれ、予想をはるかに上回る八万五千人（主催者発表、県警調べ五万八千人）が会場を埋め尽くした。各政党もこぞって代表を参加させた。五六年の「島ぐるみ闘争」、六〇年代後半からの本土復帰運動に次いで、戦後三度目の歴史の転換点にあることをまざまざと感じさせた。

普天間高校三年生の仲村清子さんは高校生代表としてあいさつし、「問題の解決をあきらめたら、次の悲しい出来事を生み出してしまう。若者も真剣に考え始めている。私たち、若い世代に新しい沖縄のスタートをさせてほしい。沖縄を本当の意味で平和な島にしてほしい。私たちに静かな沖縄を返してください。軍隊のない、悲劇のない平和な島を返してください」と訴えた。心からの叫びであった。沖縄県人だけでなく、国民の多くが大きく魂を揺さぶられるような感動を覚えた。

さらに、大田さんの後任の知事になる稲嶺恵一県経営協会長は、「にじみでる少女の叫び、願いがかなうように連帯しよう」と呼びかけた。

大田さんが代理署名拒否をした理由を述べ、会場の熱気は一段と盛り上がったが、その陰で、沖縄の置かれている複雑な状況を示す出来事があった。「土地連」(正式には、沖縄県軍用地主等地主会連合会)が、組織参加を見送ったのである。基地が返還されることへの警戒心が根強く、基地が返還された場合の跡地利用などの計画もはっきりしないため、行政への不信感もあった。「島ぐるみ」という取り組みに発展しにくい内実も見せつけていたのである。

✣差別への告発

村山富市首相は、九五年十二月七日、大田知事を相手に米軍用地の強制使用手続きの職務執行命令訴訟を起こした。沖縄県はついに裁判闘争を迎えることになったが、どのような論理構成で闘おうとするのかに注目が集まった。何しろ軍用地の強制使用を巡って首相が知事を訴えるというのは初めてだった。

私は、知事のブレーンである琉球大学の専門家らに取材した。そこで浮かび上がってきたのは、日本本土が行ってきた「沖縄差別」への告発という根源的な問いかけになるということだった。私はその見通しを全国版の「主張・解説」で詳細に論じた。首相の提訴を控えた九五年十一月二十二日付朝刊である。少し長いが、学者が全面的に知事を支援するという、これまた、余り例のないことなので、学者がどう考えたかを知るためにも、全文を紹介したい。

「基地問題」職務執行命令訴訟に臨む沖縄
差別の告発込め違憲論準備

政府と沖縄県は、米軍基地問題の解決に向けて第二ラウンドを迎える。村山富市首相は二十一日、沖縄県の大田昌秀知事が拒否した軍用地の強制使用手続きの代理署名を、自ら実行すると表明した。国と県は「沖縄米軍基地問題協議会」（新設）で、近く幅広い話し合いを始めるが、一方では基地用地の使用期限切れをにらみ、異例の職務執行命令訴訟で争うことになる。沖縄県は裁判の準備を急ぎ、地元の「沖縄学」の学者グループが支援して、理論構築も進む。憲法や法律論に加え、「基地の過重な負担こそ、沖縄差別の象徴」と、逆に根源から、国へ異議を申し立てる歴史的な裁判になる様相だ。

平和的生存権　具体的な「侵害」軸に

土地収用手続きへの一切の協力をしないとする大田知事の姿勢は固い。村山首相が職務代行をするためには、地方自治法による提訴しかない。そうなれば、一九九一年の法改正後、初の裁判となる。

知事は、首相と初会談後の六日、沖縄県庁で対応を聞かれ、「地方自治法の規定が変わった。地方分権が大事だということが柱になっている。必要なら、私も法廷に立つ」と、早くから決意をのぞかせていた。首相の正式表明を受け、「憲法の財産権との問題もある」と憲法論争もする姿勢を示した。

訴訟はどう展開するか。まず、日米安保条約と日米地位協定に基づく基地の存在は、「平和的生存権を侵害している」として、憲法違反であるとの主張をすべきだとの意見が学者の間で強い。その場合、土地の強制収用も当然、違法と論じることになろう。

また、知事の代理署名拒否が、地方自治法第一五一条の二のいう「著しく公益を害する」か、どうかが焦点になる。さらに、旧法時代の「砂川訴訟」の最高裁判決では、「職務命令の正当性」について裁判所が実質審理することを求めており、違憲論とからんで、この点も争いとなる。

これらの法律論の検討に際しては、本土とは違う沖縄の過重な基地負担の現状をとらえた主張をすることになろう。

憲法・行政法の高良鉄美琉球大学教授（四十一歳）は、「耳からは、爆音。目に見えるのは、町中を行軍する海兵隊員の姿。沖縄県民の体は、憲法で保障された平和に生きる権利を様々に侵害されている現実を、そのまま感じている」という。

高良教授は「裁判所は従来、概念的な平和的生存権はいれなかった。だが、沖縄では権利侵害が具体的なのだ」とも主張する。「砂川訴訟」で、地元の町が東京都に挑んだ違憲論が、差し戻し審で敗れた経緯を踏まえながらも、なお憲法を前面に闘うべきだとする。

地方自治法に詳しい仲地博琉球大学教授（五十歳）は、「知事の代理署名拒否は、日本国民に日米安保がなんたるかを考えさせ、地方自治の在り方まで問いかけた点で大きな意味を持つ」と評価する。裁判の行方については、「県に勝ち目が薄いかもしれない。だが、国は勝っても政治的には負けに等しい」という。

機関委任事務の軽減は全国自治体の長年の念願だ。今まで、国の有形、無形の圧力を恐れ、住民の意思に沿わぬ機関委任事務でも国の盾になる形で行ってきた首長は、今後、沖縄を先例に裁判を求めるようになるだろう。地方分権の流れを加速することにもなる。

仲地教授は「職務命令訴訟は伝家の宝刀。抜かないから、値打ちがあるのであって、抜けば威力もそれまで」という。首相には耳の痛い見方だ。

県民の思い全国に発信

知事を支えているのが、知事の古巣の琉球大学を中心にした学者グループだ。メンバーは「沖縄学」の学者を自任する。知事や県幹部は、グループと非公式に会合を重ね、裁判への協力を要請している。「沖縄学」といっても、統一した学問体系があるわけではない。政治や文学、思想といった人文・社会科学の分野だけでなく、自然科学も含め、沖縄に関するあらゆる研究を指す。

琉球大学で政治思想史を担当する比屋根《ひやね》照夫教授（五十六歳）は「時代の重荷を背負う研究」と端的に語る。「重荷」は本土政府、米国から押し付けられたものだ。沖縄が歴史的に置かれてきた苦悩の立場を見る。

比屋根教授は、日米間の「安保再定義」の動きは、沖縄の基地の負担を固定化する「第四の琉球処分」ではないか、と語る。

最初の「処分」は一八七九（明治一二）年の琉球藩廃止と沖縄県の設置だ。第二は、沖縄戦が本土防衛の捨て石作戦となり、サンフランシスコ講話条約での本土からの分離と米軍統治。第三は一九七二年の本土復帰の際、基地の過大な負担をそのままにした政策――とする。

学者の活動には県民からも期待が寄せられている。県内の七大学・短大の教員二百六十人は支持の署名をして知事に届け、「拒否を貫け」と激励した。

その「大学人有志」はさる四日、大田知事と村山首相の初会談に合わせ、米海兵隊のヘリ基地、普天間飛行場に近い宜野湾市の沖縄国際大学で、緊急フォーラム「沖縄、いまを考える―基地・地位協定・地方自治」を開いた。

パネリストの一人で、住民の視点から沖縄戦の研究をしてきた石原昌家・沖縄国際大学教授（五十四歳）＝社会学＝は、「日本の流れを変え得るのは沖縄といわれる。今がそのときだ」と述べた。

ちょうど四十年前、六歳の少女が米軍の軍曹に乱暴されて殺害された「由美子ちゃん事件」が起きた。軍曹は軍事法廷で死刑を宣告されたが、本国に送還され、結局、うやむやになったとされる。石原教授は当時、中学二年生だった。「沖縄の暗黒時代といわれた時だ。きのうのことのように覚えている」という。

署名活動の代表世話人の米盛《よねもり》裕二琉球大学教授（六十三歳）は哲学専攻である。「思想信条を超え、大学人が結集した。県民の総ぐるみ闘争を盛り上げたい。今後も力を合わせて対応しなければならぬ」と力説した。

職務執行命令訴訟の場で本土政府の差別政策を根源から告発する。実は、このことが沖縄県の最大の眼目とさえ思える。県民の思いを全国に発信することにつながり、関心も保てよう。新しい国との協議機関での交渉、日米両政府間の協議にも有利に働くだろう。「沖縄訴訟」で沖縄が失うものはなにもない。

いま、私は複雑な思いでこの自分の原稿の最後の一文を読み返している。沖縄が失うものは、本当になにもなかったのか。続けて、大学人の軌跡をたどってみる。

✣沖縄学の学者が主張

「『憤世史眼《ふんせいしがん》』という言葉がある」

少し、緊張気味に声を高めながら、比屋根照夫琉球大学教授が話を切り出した。

村山首相が大田知事を訴えた三日後の九五年十二月十日、米軍普天間基地に隣接する沖縄国際大学で開かれた「沖縄県知事『代理署名拒否』裁判支援総決起大会」を兼ねた、「沖縄県知事の代理署名拒否を支援する市民・大学人の会設立総会」の壇上である。会場の教室は二百人を超す参加者でびっしり埋まった。沖縄県の幹部、県の弁護団、県内各大学の教官、革新系県議、琉球大や沖縄大、沖縄国際大などの学生たち、さらに市民らと、多様な顔ぶれである。

沖縄の近現代の政治思想史を専門とする比屋根教授が、大田さんのブレーンの一人であることは前述したが、この日の発言は、集会向けのありきたりなあいさつというよりも、研究者としての信念をも込めた格調ある内容だった。私は取材ノートへ懸命に言葉を書き続けた。

「憤世史眼」で臨む

これは、明治の国家体制の中で、すべての著書が発禁処分をうけた異端の思想家田岡嶺雲《たおかれいうん》の言葉である。「憤世史眼」とは世を憤《いきどお》り、慷慨《こうがい》する烈々たる史眼という意味だ。村山首相の強権による訴訟の提起という事態をみると、まことに今の状態は、われわれ歴史を研究する者にとって、「憤世史眼」というのにふさわしい状況と思う。

沖縄にとって、「憤世」とは何か。戦後五十年、いやあるいは明治百余年、沖縄にあらゆる犠牲と差別を押し付けて、なお恥じない、道義なき、大義なき現代日本の惨状への「公憤」であると思われるのだ。

そして、さらにもう一度、沖縄にとって「憤世」とは何か。沖縄戦における捨て石作戦、住民虐殺、日本からの分離と異民族支配、日本復帰後の基地の重圧と米軍犯罪の噴出。これらの重い事実に一顧だにせず、自ら安楽と安逸の中にあって、本来自ら被告のいすに座り、裁きを受けなければならない身でありながら、大田知事、いや、われわれ県民を名指して被告とする、これまた人道なき、道義なき、あるいは民権なき、そういう現代日本国家に対する「公憤」である。

それでは、「史眼」とは何か。日本国家の民権なき、人道、道義、そして大義なき惨状を透徹した歴史家の眼差しで切り取り、われわれが進むべき民権、人道、道義、大義、こういう道への参加を指し示す、歴史家の眼差しこそ史眼であると私は考える。

「憤世史眼」とは、われわれが今、一歩踏み出した、この心境に合致する言葉として自らに律しているということである。沖縄研究のすべての分野、歴史学、思想史、文学、あるいは言語学、自然科学などに属する人々が今、この決定的な段階で少しでもいいから、一歩でもいいから歩み出したい。これがわれわれの切なる願いである。

マグナカルタ的宣言

顧みると、明治以降、沖縄はどれほど日本という国家に翻弄されたことであろうか。明治の最も優れた言論人、伊波月城《いはげつじょう》は「沖縄の近代史は奴隷の歴史である、いわば、虐待の歴史である」と語った。まさに、明治国家に翻弄された知識人の苦悶の叫びであったといえる。

また、明治の言論人太田朝敷《おおたちょうふ》が同化論を唱えたのも、この国家に翻弄された知識人の苦衷の表明だったと思う。しかし、太田朝敷にして、明治国家の沖縄統治を、歴史隠滅政策というふうに厳しく指弾したということもわれわれは忘れてならない。

そして、沖縄学の創始者である伊波普猷《いはふゆう》は、この歴史隠滅政策に抗して、地域の精神的自立、自治を目指し、個性論を提唱したのも、この明治国家との緊張関係の中であった。

個性とは伊波にとって何であったか。それは、沖縄人ならざる他の人によって、決して自己を表現せざるところの、いわば、沖縄人のアイデンティティーの存立基盤そのものを指したのである。これを通して、伊波は、沖縄の人間および沖縄が精神的、内面的に自治、自立することを模索したのである。

しかしながら、今や国家に翻弄され、呪縛された歩みから、われわれは大田知事の決断に象徴される事態によって解放されたかにみえる。いみじくも、大田知事が琉球大学を去るにあたって、最終講義でロゼッタストーン的研究から、マグナカルタ的研究への転換というようなことを語った。これは、まことに今日の事態を象徴的に物語っている言葉だ。

ロゼッタストーンとは、ナポレオン軍によって発見された古代ギリシャ、エジプト文化を象徴する重要な歴史的資料を指すわけだが、転じて大田さんはこれを明治以降の研究をロゼッタストーン、つまり「訓詁の学」、静止的な、そういう学問として位置づけた。同時に、これから行うべき学問、あるいは大田さんも含めてわれわれがおこなうべき学問を、英国の名誉革命におけるマグナカルタ宣言に喩え、人間の自由、平等、自主、平和を求める、いわゆるマグナカルタ的研究。これこそが必要と最終講義で述べている。

その意味で代理署名拒否というのは、まさに現代のマグナカルタ的宣言ではないだろうか。あるいは、現代日本からの沖縄の人間解放、自主、自立、自治の宣言であると私は考えている。

大義はわれわれに

あの「一〇・二一総決起大会」に結集した民衆のエネルギーは何を目指しているのか。次の諸点に求めたい。それは、五〇年代の「島ぐるみ土地闘争」に見られた、祖国日本への思慕、それに貫かれたナショナリズム、そういうナショナリスティックなものではなくて、むしろ今日の運動というのは、現実の日本、祖国を見てしまった人間の幻滅、不信、怒りの噴出であると思われる。

その意味で、第一点はデモクラシー。第二点はオートノミー、第三点はエスニシティーの主張だ。そして、第四点はフェミニズムの主張である。この複合的な思潮、潮流こそが、今のわれわれが直面している思想状況ではないかと思う。

デモクラシーとは何か。人間の尊厳、人権の回復、そういう思潮である。オートノミーとは何か。地方の自治、自立の要求である。エスニシティーとは何か。弱者、少数者の自立、反逆の叫びである。フェミニズムとは何か。それは女や子ども、弱者の命の根源に発する思潮である。

このように見てくると、この闘いの輝かしい大義は、われわれの側にある。歴史はこの闘いを、正しく審判し、記憶にとどめるはずである。

田岡嶺雲という名前を私は知らなかった。他の人もそうであったのだろうか、比屋根さんが何を訴えたいのか、聞き入ったのである。ちなみに、田岡嶺雲は高知県出身。東京帝大を出て、雑誌の主筆をする。日清戦争後の抑圧された状況の中で、下層細民の現実を描く方向を提唱。後に非戦論、資本主義批判の論調を深めた人だった。

比屋根さんは、研究を重ねてきた明治の沖縄知識人の苦悩ぶりを引き、さらに大田さんの沖縄学のマグナカルタ的研究の大切さに賛同をして、代理署名拒否宣言を「マグナカルタ的宣言」と評価した。奇しくも、私が十月十七日付「私の見方」で書いた「沖縄は権利宣言をした」と同じ論であった。比屋根さんの発言を聞きながら、思わずうなずいた。

それにしても、人道、道義、大義、民権という言葉の繰り返しのなんと迫力があったことか。まさに、本土の身勝手さを撃つ矢であった。

大会の司会者には、琉球大学の保坂廣志、高良鉄美両教授と、糸数《いとかず》慶子県議があたり、「市民・大学人の会」準備会代表として米盛裕二琉球大学教授が参加した。さらに、この会の設立趣旨を説明した沖縄国際大学の石原昌家教授は、「国の論理を圧倒するために、みなさんの知識、見解の総意を結集しようではないか」と、いわば「知」の総結集を訴えたのである。石原教授は前述のように、沖縄戦の研究者だ。良心的学者を代表する一人で日ごろは静かな物言いだが、この日は声を強めたのだった。

市民側からは、読谷《よみたん》村の米軍通信施設「象のオリ」内の土地所有者で、反戦地主としての活動や

「日の丸裁判」で知られる知花《ちばな》昌一さんが立ち、こう発言したのが印象的だった。
「知事の表明を聞いたとき、最初は『まさか』と思い、それが『感動』に変わっていった。沖縄が初めて日本政府にノーと言ったのだ。沖縄の自立宣言と言えようが、それを有効なものにしたい。そのためには、沖縄全体が中身をちゃんと把握することが、とても大事だ。弁護士の先生が整理し、それを自分のものとして一人ひとりが受け入れてゆくことだ。私たち反戦地主は、長い間迫害の中で耐えてきた。私たちは自信をもっている。沖縄の人がそれを共有してほしい。そうすれば、二十一世紀の沖縄はきっと良くなる。裁判の当事者として参加したい。みなさんも知事を支えてほしい」

✣「息長く闘おう」

この「市民・大学人の会」の正式な発足を控えた九五年十一月四日、前に触れた緊急フォーラム「沖縄　いまを考える―基地・地位協定・地方自治」が沖縄国際大で開かれた。この日、首相官邸では、村山首相と大田さんの会談がおこなわれた。国と県の間で、協議機関を設けることで意見が一致したが、大田さんはこの席で、あくまで代理署名拒否をすることを、正式に首相に伝えた。

フォーラムは冒頭、比屋根教授の「村山・大田会談で代理署名拒否を表明したようだ」との報告で始まり、五百人が入れる大教室をほぼ埋めた参加者から大きな拍手が起きた。世話役を務めた石原昌家沖縄国際大教授は、「この種の集会をこれまでやったことがなかった。われわれ大学人は素人集団だが、県内の各大学で教官らに署名活動をしたときにただならぬものを感じた。大きな運動をどう継続させて行くかが肝要で、その問題提起の場ともしたい」と述べ、そのための組織として、新しく市民と大学人がスクラムを組む会の発足を求めたのである。

さらに、「自分たちの要求が実現するまで妥協をしてはいけないということを、これまでの基地闘争の歴史で学んだはずだ」と、息の長い取り組みへの決意を表明した。

意見発表に移った時、会場にいた元沖縄タイムス会長の新川明さんが手を挙げて、発言を求めた。一人の市民として参加したのだが、会場は新川さんの「西原町に住む無職の新川です」との発言の切り出しにどよめきが起きた。前述したように本土復帰の際の国政参加選挙拒否の論陣を張ったり、大江健三郎さんとの深い関わりなどを通して、沖縄人の精神的自立の必要性を説き続けてきた人であることは、会場のだれもが知っていた。地元マスコミの頂点に立ったこの人が、顔を見せて意見表明をするのはまさに異例と言えた。静まり返った中、新川さんはこう述べた。

「議論を聞いていて大事なところが抜け落ちていると思う。ヤマトからも支持があるという。それは大事なことだが、問題は大田さんが拒否した署名を、総理が署名したとき、ウチナーンチュが何をするかということだろう。沖縄の闘いのスタートはそこからだ。どのような方向性を持つのか。若い世代のために基地のない沖縄をつくる、というのなら、その議論を深めてほしい」

✣「憲法幻想を捨てよ」

さらに、「私見を言えば」と、新川さんは厳しい見方を続けた。

「復帰運動の時がそうだったが、『平和主義の日本国憲法の下へ』と、民衆に『憲法幻想』のようなものを持たせて運動を組織化した。僕たちは少数派だったが、それに反対した。結局、米軍基地はそのまま残り、憲法幻想は何も生まなかったのではないか。今度も、憲法論議をしながら基地撤去を進めようということでは、沖縄の主体的な自立はつくれるのか。主体性という時、自立とは何かが議論になる。極論すれば、独立論の論議をしてもいい。それなのに、日本国の一部分として所属するというところから議論している。これがおかしいのだ」

新川さんの持論を久しぶりに聞いたと思った。それまでの発言者が知事を支持するといったものや、地位協定、安保再定義の問題点などにふれていたのに対し、突出した感があった。政府が思うままに首相の署名などを強行してくれれば、沖縄はどう対抗しようというのかと、まさに本質を突いたのである。一部の人をのぞいて、新川さんの意見についての広がりが見られなかったが、裁判闘争を超越したところでの問題提起で、異彩を放っていた。

知事支援。その形はさまざまで、複合的であった。それが、さらなる広がりを生んだとも言えた。沖縄県内でのいろんな集会のほか、本土の新聞、テレビ、雑誌類に「沖縄」の文字が躍ったのである。

第Ⅸ章
漂流する沖縄

✣「沖縄の心」空しく

九五年十二月七日に村山首相が大田知事を相手取って起こした米軍用地強制使用の代理署名を求める職務執行命令訴訟は、いよいよ同二十二日に福岡高裁那覇支部で開かれた第一回口頭弁論を皮切りに、最高裁までの長い道のりを歩むことになった。大田さん支援に立ち上がった大学人は、それぞれ専門分野で手分けして県の弁護団が作成する準備書面づくりに全面的に協力した。

第一回口頭弁論には大田さん自ら法廷に立ち、「歴史の審判に耐え得る判断を」と求めた。代理署名を拒否する理由について、米軍基地が憲法で保障された「平和的生存権」を侵害しているなど、これまで述べてきたように基地の重圧にいかに県民が苦しめられているかを訴えた。これまで、練りに練った「沖縄の思い」を十分に込めたものだった。さらに、職務執行命令そのものが不適法と主張したのである。

高裁那覇支部の傍聴席は報道関係者をのぞくと三十八席しかなく、傍聴券は抽選となった。裁判所近くの公園が抽選会場になったが、朝早くから二百人を超す市民が並び、比屋根さんら大学人の多くの顔がそこにあった。記者席の割り当ても限りがあり、私もこの列に並んだ。残念ながら抽選には漏れた。

口頭弁論の終了後、「市民・大学人の会」が主催した報告集会が開かれ、弁護団が裁判の模様を報告。傍聴できた高良鉄美琉球大教授が「弁護団の主張は、根底に憲法の精神があふれていた。拍手をしたくなるほど感動的だった」と述べた。会場には百人を超える市民が詰めかけ、しばしば大きな拍手が起きた。

この日、沖縄県庁には大田さんを支援・支持するはがきが千百通も届いた。代理署名拒否を表明した九月末からの通算では、約二万八千通に達した。さらに、電報やパソコンのメールなども一日平均二、三百通きており、国民の関心の高さを物語っていた。

だが、その後の裁判の流れは、県が求める形での実質的な審理は行われずに進み、翌九六年三月二十五日判決が出されて、国の全面勝訴となった。「沖縄の心」は裁判の対象にはならなかったのである。

大田さんは、この判決を不服とし、橋本龍太郎首相あてに代理署名拒否を続けることを文書で通告すると共に、四月一日に最高裁に上告した。審理は大法廷で行われ、大田さんは再び法廷に立ち、長年の思いを盛り込んだ陳述をした。

だが、異例のスピード審理で、八月二十八日にでた判決は「上告棄却」で、県の敗北が確定した。つまり、戦後五十年に及ぶ米軍基地の重圧が、憲法が保障した平和的生存権、財産権などを侵害しているという訴えはことごとく退けられたのである。

✣思いの燃焼

「市民・大学人の会」は、全国からの賛同者も含めて五千人近い会員を持つ大きな組織に育った。活動もめざましく、九五年十二月から九六年九月までの間、代理署名拒否裁判などの報告集会の開催は十回に及んだ。声明なども十数回出した。地元マスコミを中心に活動は詳しく報道され、大田さんを支援する有力な「草の根」の団体となった。

私は、集会の多くを取材した。その中で、忘れられない市民の姿があった。

「目に見える」と題して、九六年四月十一日付の朝日新聞西部本社版の夕刊コラム「偏西風」で紹介した。

タッ、タッ、タッ。前の席から続く小さな音が気になった。米軍基地問題で国と争う大田昌秀沖縄県知事を支援する「市民・大学人の会」の集会を二月に那覇市で取材していた時だ。

那覇市三原二丁目の針きゅうマッサージ師城間《しろま》義勝さん(五十六歳)が、講師の発言を記録するため点字器を使う音だった。「沖縄は歴史的に大事な時だから勉強させてもらっている」と気恥ずかしそうに話した。

城間さんは沖縄戦で父を亡くした。苦学して琉球大学を卒業し高校教諭になったが、ベーチェット病になり失明。自殺を図ったが、女手ひとつできょうだいを育ててくれ、なお働く母カメさん(九十九歳)の姿に再び生きることを教えられた。

東京で点字を学び、針きゅうマッサージの免許を得た。これまで沖縄県視覚障害者団体連合会会長などを務めた。難病を精神力で克服してきたのだ。

三月以降も集会で城間さんと会った。共働きの奥さんを説得して勤務先の接骨院を二カ月間休職し、時間をつくっているという。時に中学二年生の一人息子も連れ、「いま何が起きているか」を学ばせている。

その城間さんの耳がとらえたのは、契約切れの土地を「不法占拠」する日本政府の姿だった。「道理なき混乱ぶりが目に見える。でも、くじけませんよ」

「市民・大学人の会」世話役の石原昌家沖縄国際大学教授は「腰をすえ、基地をなくしたいと願う県民の気持ちを象徴している。私たちも励まされている」と話す。知事が強くなれるのも当然と改めて思う。

城間さんの取材は、那覇市内の自宅におじゃました。病気のため途中失明し、以後、生活を再建するまでの歩みの大変さを思うだけで胸を打たれる思いがした。その大事な仕事を二カ月も休んでいることの意味を深く考えざるを得なかった。『歴史的に』大事なとき」という言葉の重みにもまた、ペンを持つ手が止まった。

また、「市民・大学人の会」の集会では一人の女性画家とも知り合った。難病をおして沖縄の豊かな自然を描く活動を続け、その生き方への共感とともに、作品に多くのファンを持つ人である。不条理な立場に置かれる郷土から、静かだが、絶えない異議の声をあげてきた女性の一人でもあった。

九六年三月四日付の「偏西風」で、「ある墨絵画家」と題して、こう書いた。

生き方を学ぶ。そう感じさせられる人に出会うことが少なくない。

「灼熱《しゃくねつ》」と形容される激しい痛みに耐えながら、創作活動を続けている沖縄の墨絵画家、金城美智子さん（四十九歳）もその一人である。

東京の服飾デザイナー事務所勤務の時に発病した悪性の皮膚がんを十年かけて克服したが、右下肢に手術の後遺症が残った。

痛みは日々、間断なく襲う。主治医の言葉を借りれば、「終わりのない痛み」であり、「医師の無力さを思う」とまで言わせる。

帰郷し、砂浜でリハビリ中に何度も倒れた。砂の熱さ、顔にそそぐ太陽の光、潮の香り。生命力を与えられる気がした。「この自然と共に生きたい」

独学だった。沖縄の島々をめぐった。手にはつえ、頭にクバ笠《かさ》、肩からは水筒一つ。それに、必ず主治医から島の診療所の医師あての紹介状。激しい痛みの治療に備えるためである。

題材は島の植物や民家などの風景だ。草の一本、木の葉一枚の表情まで見逃さぬといった細やかさ。光と影で、金城さんのいう「墨の持つ無限の色彩」の世界が広がる。京都市美術館などでの個展を重ねた。

米兵暴行事件以来、基地問題でのフォーラムの会場で金城さんの姿を見かけるようになった。

「あすも、あさっても、まだ生きられそうと思ったら、何か社会のことをしたくなって」

沖縄の現状を招いた怒りはある。が、「人の命も、自然も、自立することで、守らなければ」と静かに話す。とぎすまされた感性が沖縄自身を問う。

やはり、ここでも生と死の極限を体験した人の強さを思わせられた。そして、その強さを持つ人が、沖縄人の自立への「覚悟」をも求めている。

「市民」と一口でいうと抽象的だが、第二、第三の城間さん、金城さんが数多くいることだろうと思った。大田さんを支える学者たちもまた、このような人たちに支えられていたのである。

✣明確に「基地ノー」

沖縄県は裁判に負けたが、すぐに県民投票が控えていた。九六年九月八日である。米軍基地の整理・縮小と日米地位協定の見直しについての賛否を問うものだった。戦後五十一年目にしてはじめて、県民が自らの運命を自主的に選択するとの意義づけもあって、これまた大田さんの言葉を借りれば、「歴史的なできごと」であった。

代理署名は大田さんが応じないまま、橋本首相が代行をしていたが、それとは別に、大田さんは米軍用地強制使用手続きの公告・縦覧を代行をするよう橋本首相から七月に提訴されていた。その判決が迫っており、最高裁判決のあとだけにこの裁判でも県には厳しい結果が予想された。

それだけに、県民投票で県の姿勢に賛成が多ければ、国への圧力も強くなるとの思いが県にあった。

県民投票の投票率は、五九・五三％で、賛成票は全体の八九％を占めた。「基地はノー」との県民の意志が明確になったが、投票率が物語るように複雑な県内事情もまた、明らかになったのである。

というのも、自民など保守はもともと県民投票には反対の立場で、ボイコットの動きさえあった。軍用地主の多くや基地労働者の一部も生活への不安から棄権が少なくなかった。

これに対し特徴的だったのは、高校生が「高校生で県民投票をしようの会」を結成し、自分たちで四、五日の両日に先行して実施した。三万六千余人が投票し、投票率は八六・八％に達した。結果は「日米地位協定の見直し」を「したほうがいい」が七五％、「米軍基地の整理・縮小」については、「したほうがいい」が六七％だった。県民投票の実施が、若者に自分たちの島の将来を考える機運を高めたといえよう。

県民投票の直後の十日に、橋本首相と大田さんの会談が行われた。橋本首相は、沖縄経済振興への政府の新たな取り組みを打ち出した「首相談話」を示し、理解を求めたのに対し、大田さんは県の要望が政策的に担保されたと評価した。

「談話」には、政府と沖縄県が将来の沖縄について話し合う「沖縄政策協議会」（仮称）の新設、経済振興のため特別調整費五十億円の早期の予算計上がうたわれ、会談後の臨時閣議で正式決定された。これを受け、大田さんは記者会見で米軍用地強制使用の公告・縦覧手続きについて、「（基地問題と経済振興の）調和を図りながら考えたい」と述べた。

朝日新聞は十一日朝刊の一面トップで、「沖縄知事『代行』近く応諾」の大見出しをつけて、会談の結果を報道した。この中では、大田さんが記者会見で「要望が政府の施策に真剣に取り上げられている印象で、喜んだところだ」と述べ、「基地の整理・縮小も重要だが、雇用問題や産業振興など、行政としてすぐやらなければならない問題もいくつもある」と、雇用問題などを前面に出してきたのである。さらに報道陣が昨年の九月に代理署名を拒否した際に、沖縄の将来に明るい展望が開けないことを理由に挙げたことを質問したのに対し、「昨年の段階に比べると相当に明るい展望が開けるのではないか、という気持ちをもっている」と、明らかな認識の変化を見せた。

政府は、県民投票の投票率が余り高くなかったことに安堵していた。大田さんも公告・縦覧代行問題を問われて、「関係方面の意見を聞いて態度を決めたい」との姿勢が伝えられていた。この会談後に情勢は一気に「知事の代行応諾」の方向に向かった。

「市民・大学人の会」は十一日に集会を開いていたが、知事の代行応諾方針のニュースが飛び込み、会員から「なぜだ」「裏切りだ」とのとまどい、怒りの声が噴出した。

「県民投票に託された県民の総意をむだにするな」と「市民・大学人の会」の米盛裕二琉球大教授ら知事ブレーンをつとめた学者たちは、知事との面談などで応諾に反対の意見を強く訴えた。しかし、十三日に大田さんは県庁で記者会見し、「苦渋の決断」との言葉と共に、応諾を正式表明した。県民投票からわずか五日あとだった。

✣問われた新聞人

「どうなったんだ、これは」。私は、八月二十八日の最高裁判決が迫った同二十日に、当時の梶山静六官房長官の私的諮問機関である「沖縄米軍基地所在市町村に関する懇談会」（略称「沖縄懇」）のメンバーの名前を聞いて、思わずため息がでた。沖縄の世論形成に影響力がある沖縄タイムスと琉球新報の有力二紙の社長が入っている。「まさか」という思いと、政府の取り込み策の「陥穽に沖縄が落ちた」との気持ちを強くした。

後日、この時のことを話し合ったとき、石原昌家沖縄国際大学教授は、「あれで、沖縄は負けたと思った」と述べたのである。

この「沖縄懇」は、沖縄の振興策を首相官邸主導でまとめようとするものだが、二十八日の最高裁判決、九月八日の県民投票という沖縄と日本政府の争いのヤマ場を目前に控えて、沖縄の不満をそらす狙いがあることは、明らかだった。

十一人の委員の顔ぶれに、雇用問題を専門とする島田晴雄慶応大教授を座長に、規制緩和積極論者の立石信雄オムロン会長、地元からは「フリー・トレード・ゾーン」の拡充を主張する稲嶺恵一沖縄県経営者協会長らが選ばれているのは、経済振興を協議する場として適当といえた。だが、大田さんを支えてきた渡久地《とぐち》政弘連合沖縄会長と並んで、有力地元二紙の社長が名を連ねることに、強い違和感をおぼえた。

朝日新聞の八月二十一日付の記事は、「沖縄選出国会議員の周辺からは『知事の首を真綿で絞めている感じ』と、知事人脈を官邸が取り込んだとの見方も」と書き、さらに、「橋本龍太郎首相もこの人選について、『よくぞやってくれた』と満足そうに語ったという」と、政府側のしてやったりという雰囲気を伝えている。

この事態に、労組は事情説明と懇談会からの脱会を求めるなど反発したが、結局、両社長は委員に就任した。朝日新聞は「沖縄懇」の初会合が開かれた翌日の八月二十七日付の「判決・県民投票　沖縄から」の企画記事でこの問題を取り上げ、沖縄タイムス社長の豊平良一さん、琉球新報社長の宮里昭也さんの言い分を掲載した。

豊平さんは「新聞紙面に影響する心配はない。新聞人として、県民の意を体して、率直に意見を言う場にしたい」、宮里さんは「基本的に新聞は政治や行政と一線を引くべきと思う。しかし、沖縄の状況を考えると、懇談会に出なければならないという心境に至った」と述べている。

私は、お二人をよく知っている。豊平良一さんについては、第Ⅳ章「ヤマトンチューになり切れぬ」の文中で、元知事の西銘さんが、良一さんは父親の良顕さんともども、このヤマトンチューになり切れない典型的な人ではないか、と語ったことを紹介した。

両社長は、自ら強調するように、純粋に沖縄の現状を何とかするために、新聞人として主張するという気持ちであったことは間違いないと思う。だが、その判断は正しかったのだろうか。

沖縄の「異議申し立て」は、憲法の保障する人権が、沖縄では基地の重圧で侵害されている現実に対するものが根本であった。経済問題もむろん大事だが、新聞人の代表が「取り込まれた」形で臨むものではあるまい。少女強姦事件から約一年。怒濤の流れの中で、沖縄はもまれ続けた。その激しさに、羅針盤が乱れてしまったとしか、思いようがなかった。

私は沖縄入りし、沖縄タイムス社長室に良一さんを訪ねた。ただ一点聞きたかった。それは、「良顕さんなら、就任することを受けたと思うか」ということだった。良一さんは、苦笑しながら答えた。「オヤジなら、言下に拒否しただろう」。

良一さんは、委員就任について、「二人そろって知事の大田さんの意見を聞いた」と語った。大田さんは、「それは、お二人がお決めになることでしょう」といったという。大田さんは学者時代、専門的にマスコミ研究をした。新聞と行政の関係について、思うところの答えが、この中に込められていると感じたのである。

(豊平良一さんは、この本の原稿執筆中の二〇〇五年七月二日病没された。朝日新聞＝西部本社版＝は、訃報の記事のなかでとくにこの「沖縄懇」への参加についてふれたが、「復帰前から続く米軍基地による弊害・重圧を説き、基地の整理・縮小を求めた」と事実関係の記述にとどめ、評価については述べていなかった。)

✣「苦渋の決断」の果て

私は、大田さんの「応諾」について、九六年十月十六日付の「私の見方」で、沖縄の反響を紹介した。代理署名拒否を表明したことを「権利宣言」と位置づけた「私の見方」が掲載された九五年十月十七日から、ちょうど一年後だった。
「くじけぬ沖縄の『少数者』」とのタイトルで、知事の支持者の市民などに漂う無力感と、それでも立ち上がる姿を描いたのである。

この一年、日本の政治を揺さぶり続けた「沖縄問題」が総選挙の争点になっていない。関心を薄れさせている要因の一つが、米軍用地の強制使用手続きで国と争う態度を急変し、公告・縦覧代行に応じた大田昌秀・沖縄県知事の決断自体の「分かりにくさ」にあるのではないかと思えてならない。

沖縄では、「力が抜けた」を意味する「チルダイ」の言葉があいさつ代わりである。特に知事を支えてきた学者や女性たち、いわば「関心深い市民層」に後遺症が強い。

その人たちが証言する「分かりにくさ」の具体例を紹介したい。全国初の九月八日の県民投票の直前から、投票のわずか五日後の十三日の代行応諾まで、まさにヤマ場でのことだ。

九月六日夜、十人ほどの学者が知事に呼ばれ、那覇市内で会合を持った。一連の訴訟を専門知識で支え、県の依頼で基地負担の実態を全国へアピールする講師役までした琉球大学や沖縄国際大学の教授らである。

知事は「若者に仕事がなく、車の暴走行為で次々死ぬのはたまらない」と切り出したという。

「経済振興」にまず話がいったのだ。それまで、平和的生存権や財産権の保障といった憲法理念を前面に争ってきたのと様子が違っていたことを学者たちは敏感に察した。

やりとりは四時間近かった。

「全国から激励がある。拒否を通せ」

「だが、おしかりのファックスもきている」

「特別立法を恐れるな。阻止に向けた運動もある」

「いや、特別立法されると、強制使用が自衛隊用地まで拡大される。それがこわい」

反論を重ねる知事に「では、応諾するのか」と聞くと、「いや、いや、決めていない」。笑顔で答えが返ってきた。

応諾表明前日の十二日夜、県から再び会合を求められた。しかし、知事は現れず、副知事が十日にあった首相との会談で示された政府の回答を一方的に説明するだけ。知事に直接説明してもらおうと面会を求めたが、拒まれ、代わりに知事の発言が伝えられた。「何が分からないというのか」という内容だった。

アメリカで基地被害を訴えた女性グループも知事の説明を受けていない。「分かれといわれても、それは無理だ」という。

米兵から酷い目にあった少女と家族の勇気ある訴えが、沖縄の怒りの原点だった。学者時代から本土の差別政策を告発してきた知事が立ち上がった。人間の尊厳性をかけていた。だから私は昨年十月十七日付の本欄で「沖縄は『権利宣言』をした」と意義づけた。明確な理念こそが、本土でも強い共感を呼んできたと今も思っている。

裁判を支援してきた組織に「市民・大学人の会」がある。党派性抜きの市民の受け皿だ。会費二千円以上を払った会員が全国で四千六百人もいる。知事の知恵袋の学者の活動拠点でもあった。県弁護団も訴訟の進行ごとに会の集会で報告した。

沖縄市の看護師は会に十万円をカンパした。沖縄戦で両親の身内の多くが犠牲になった。家族の生活の柱となり、四十四歳で独身。切りつめた生活で蓄えた金である。基地あるゆえの人権侵害を許せない思いから、知事を応援してきた。

「基地縮小が見えず、納得できない。だが、沖縄の内部が分裂すれば喜ぶのはだれだろう」と心配する。

支援する裁判は消滅した。だが、会は「大田ショック」を乗り越えようとしている。平和を求め、学び、行動する組織として存続に向け論議を始めた。

「沖縄問題」は総選挙後に仕切り直しとなろう。知事が、「少数者」と見たこれらの人々と再び絆《きずな》を結べるかどうか。大きな課題と思う。

「権利宣言」のときの「シタイ」（よくやった）と、この「チルダイ」（力が抜けた）との間に横たわる断絶の大きさを、大田さんは想像しただろうか。いや、想像できただろうか。

記事に書いた沖縄市の看護師さんは後日、手紙で「大田さんの決断はがっかりですが、ここで県民が分断されてはいけない。くじけずにがんばっていきます」と、衰えぬ平和への活動の継続を知らせてくださった。

そして、さらにたくましく立ち上がった女性の姿も紹介しておきたい。石原昌家沖国大教授の妻の恭枝《やすえ》さんである。九七年二月五日付全国版の「ひと」に書いた。大阪人の明るさと、気力で「市民・大学人の会」を支えてきた中心人物である。当時は五十五歳だった。

昨年暮れに「沖縄から平和を創《つく》る市民・大学人の会」が那覇市で旗揚げしたら、全国から反響が続々。その事務局の総括役だ。

「沖縄は見捨てられていない、と心強くて」

前身は米軍基地用地問題で国と争った大田昌秀・沖縄県知事の裁判を支援する会だ。県弁護団を支え、集会も重ねて知事へエールを送った。一年間、その活動の裏方を切り盛りした。

知事が国と妥協し裁判は消えたが、「基地問題の解決はまだ」と訴えたのが、新しい会につながった。「沖縄からの問い」を継続させようと、集会や本土の大学との平和研究ネットワーク化の計画が進んでいる。

四千人を超す前の会員に趣旨を伝えたら、早くも千人近くが賛同し、会費やカンパ、激励が多数寄せられた。

「どうこたえるか沖縄側も責任は重い。日米両政府は小手先で考え、県も腰が定まらない感じだ。行政に頼らず、自分たち一人ひとりの課題と受け止めたい」

大阪府吹田市の出身。「父も戦死者の一人です。大阪で戦争と言えば兵隊の話ばかりで住民への視点がなかった」

夫の昌家さん（五十五歳）は、沖縄国際大学教授。沖縄戦の著名な研究者だ。二十年余り前から、地上戦に巻き込まれた県民の体験を聞き取る調査に学生と没頭した。その膨大なテープおこしを、赤ん坊を背負いながら手伝った。

「自軍に脅され、親が子を手にかけざるを得なかったという。沖縄戦とはそんな戦争です。ペンが重かった」

夫が住民虐殺の本を書いた時、脅迫電話が続き、出版が三年も遅れた。「最後は妻が相手をさとしている。励まされました」と昌家さん。

夫も会の役員を継続しているが、「石原家の夫唱婦随は『婦』が先では」と学者仲間は口が悪い。

「市民・大学人の会」は、記事にあるように「沖縄から平和を創る市民・大学人の会」として新たな出発をし、九八年まで活動を続けたのである。

さらに、九九年八月には、両方の会の活動記録集である『沖縄県知事の代理署名拒否裁判――共に考え・行動した記録』が発行された。「奔流の中の沖縄」の姿と、知識人たちの例のない取り組みが読み取れる貴重な資料である。私は二〇〇〇年二月二日付西部本社版夕刊コラム「偏西風」で「沖縄の行動記録」と題して、次のようにこの本を紹介した。


七月のサミット（主要国首脳会談）や米軍普天間飛行場の移設問題など、ことしはまた、沖縄に国民の目が注がれる年になる。それに合わせるかのように、一冊の記録集が発刊された。「沖縄から平和を創る市民・大学人の会」（代表・米盛裕二琉球大名誉教授）がまとめた『沖縄県知事の代理署名拒否裁判――共に考え・行動した記録』で、四百ページ近くに及ぶ。

五年前、米兵による少女暴行事件を契機に、基地の重圧への沖縄県民の怒りが爆発。当時の大田昌秀知事が米軍用地の強制収用を巡る「代理署名」を拒否、国と最高裁まで争った。

裁判を支えた柱の一つが琉球大など県内七つの国公私立大学の学者と、全国から四千人を越える賛同者を集めた「市民・大学人の会」の活動だった。

私もしばしば取材に訪れたが、福岡高裁那覇支部で審理があるたび、朝早くから傍聴券を求める長い列の中に、著名な学者たちの姿があった。

審理の進行ぶりは、毎回「報告集会」で市民に知らされた。フォーラムも回数多く開催し、全国の会員にはニュースレターを発行し問題意識を共有できるような努力も重ねられた。

裁判は敗訴となったが、千百人が会を存続させ、海上ヘリ基地反対運動などに取り組んでいる。

これらの克明な記録には、平和と人権尊重を願う気持ちが強くにじむ。沖縄問題の理解に一読を勧めたい。取り扱いは沖縄出版（〇九八-八七六-一七〇七）。本体価格二千円。

（注・この記録集の二〇〇五年九月現在の取り扱いは、前述の沖縄国際大教授石原昌家方で。住所は那覇市首里大名町一―一六五）

痛ましい少女の被害をきっかけに、沖縄の心を前面に出しての「平成の乱」は、経済振興策と引き替えに、一年で終幕を迎えた。大田県政一期目の対応と何も変わらなかった。大田さんのあとは、保守・中道県政の誕生という県民の答えが待っていた。

大田さんの「苦渋の決断」は、何を生んだというのか。思想史的・精神史的評価は大田さん自らが語らなければならない。同時に、それは大田さんを支持した学者・文化人にも求められている。「チルダイ」の嘆き。全身の力が抜けるような「だるさ」を、心ある人々にもたらしたのは、啓蒙家を任じてきた大田さんが、知事・大田昌秀氏としては、民衆の力という政治のダイナミズムを読み切れなかったその一点にあるような気がしてならない。

✣燃えて、冷めた

大田さんがまだ頑張っていたころ、本土で取材して、いまも鮮やかによみがえってくる光景についても書いておきたい。

沖縄県は、米軍基地問題で揺れる沖縄の実状を全国に知らせて、基地問題を「全国民の問題」として考えてもらおうと、九六年二月に青森市を皮切りに、主要八都市で「沖縄からのメッセージ——基地と平和と文化を考える」と題したキャンペーンを展開した。各地の会場は、立ち見が続出するほどの超満員となり、大きな盛り上がりを見せた。

県のまとめによると、各地の立ち見なども含む参加者数は次のようだった（カッコ内はホール座席数）。

二日　青森市　　五百人（二百七十）
四日　札幌市　　八百人（七百）

六日　東　京　　七百人（三百四十）
七日　名古屋市　四百人（三百三十）
十二日　大阪市　千三百人（五百五十）
十三日　京都市　六百人（四百二十六）
十五日　広島市　千百人（五百三十）
十八日　福岡市　千人（四百七十八）

私は最後の会場になった福岡市のＪＲ博多駅近くのホールに出かけ、思わず「これは、これは」と口に出した。人、人があふれている。しかも、女性の姿が圧倒的に多く、年齢も幅広い。会場は開演の三十分前には満員となり、それでも詰めかける人々は通路に座り込んだ。

ホールの外では、五十枚ほどのパネル展示があり、米軍統治下で武装した米兵に囲まれながら取り壊される民家、授業中の小学校に戦闘機が墜落し、死亡した子どもの遺体にすがる母親たちの姿などが目に飛び込んでくる。参加者は息をのんで見つめていた。

プログラムが始まると、琉球舞踊の披露や、琉球大の憲法学者・高良鉄美教授がいかに沖縄の人々の人権が米軍基地の存在で侵害されてきたかを語った。

私の隣にいた福岡市内の主婦は「琉球舞踊を見たくて来たが、基地の存在がどんなに重荷になっているかを知った。これまで、不勉強で恥ずかしい」と話した。

各地の反響を伝えた朝日新聞は、九六年二月十九日の西部本社版朝刊でこの超満員の福岡会場の写真を掲載し、長崎からやってきた「市民運動ネットワーク」のメンバーの「県主催の事業だということに、まず驚いた。まさに行政と県民が一体になっている印象ですね」という声を紹介していた。

また、トップバッターとして青森会場の講師に出向いた石原昌家沖縄国際大教授は、忘れられない体験をした。小柄な老婦人が、講演を終えた石原さんに近づき、石原さんの手を握って話しかけた。「息子が沖縄戦で死んだのです」。兵長だったという。名前を聞き、石原さんは驚いた。沖縄戦の聞き取り調査を長年続けている中で、沖縄出身の元兵士から聞いていた人だったのである。

この兵士は、四五年四月末のころ、日本軍の上官から米国のスパイ視され、殺される寸前だった。「私はスパイなんかではない」と懸命に訴え、よく知っていた青森出身の兵長の名前をあげ、自分のことを聞いてほしいと求めた。この兵長はすぐにやってきて兵士の身元を保証し、命を救ってくれた。

この日の青森は大雪だった。九十歳を超えたという婦人は、その中を「沖縄」の二文字に引かれるようにやってきたのだった。「頑張ってくださいね」と石原さんは励まされ、熱い思いがこみ上げてきたという。

本土からの支持・支援の強さは、「市民・大学人の会」の五千人近い会員の八割は沖縄県外の人たちということでも分かるが、沖縄県に寄せられた署名が九六年十月で十七万人に達し、激励の手紙も約七万通で、そのほとんどが本土からのものだった。

大田さんが若者の雇用拡大を最優先に、国への矛先を収めて、本土の熱気は急速に冷え込んだ。この本土の空気に対し、「本当に基地問題を、自分の問題としていないからだ」との沖縄からの指摘は容易かも知れない。だが、本土の共感を呼んできた立脚点が崩れることを、大田さんはどう考えていたのだろうか。また、大田さんは応諾のあと、記者に聞かれてしばしば、沖縄選出の国会議員が少数で、どうにもならないというようなことを発言している。だが、そんな「数」の問題は最初から自明のことである。

頼るのは、民衆のエネルギーだけであったのは明らかであった。それが萎えることを想像できなかったとすれば、何をかいわんやであろう。

大田さんが「代行応諾」にカジを切り替えようとし始めてから盛んに、「失業率」の問題を発言し始めた。しかし、「沖縄の心」を旗印にしていた当初の訴えとあまりにも大きな落差を感じさせた。

沖縄の若者の失業率が高いという一方で、沖縄の人口は増え続けている。

私は当時、県庁の担当部局の意見を聞いた。職員は苦笑まじりに、「確かに数字上は失業率は高く出ているが、沖縄では飲食店などで働く若者や女性が多いが、その統計の取り方の問題もある。それに、生活が本土よりしにくいかというと、必ずしもそうとは言えないんではないか」と答えた。「本土に就職した若者が、短い期間で沖縄に帰ってくるということも事実としてある」。突然、降りかかってきた

「失業率問題」への困惑ぶりがまざまざと見られたのである。

✣自立、独立論の噴出

ここで、しばしば新聞や雑誌が取り上げた沖縄の自立、独立論というものにふれておきたい。

これまで見てきたように、沖縄では本土からの圧政の歴史の始まりを薩摩が侵攻してきた「一六〇九年」にまで遡らせることは、「常識」である。本土の人間は、あまりの遠い時間に呆然とするようだが、それは、歴史の無知を示すものと受けとられよう。

そして、基地の重圧をそのままにされた沖縄で、特異な自立論や独立論が出てくるのは、むしろ当然とも言える。その論理展開を深く考察することなく、「非現実」「夢物語」だといって切り捨てる人が本土を中心に少なくない。だが、沖縄人の「知」の苦悩こそ、まさに「沖縄の心」の重層的な姿であるといえよう。

私は、八二年五月からの長期連載「新沖縄報告――復帰から十年」で、「自立」とのタイトルを付けて書いた記事を、こう始めた。

「沖縄では、歴史の節目ごとに自立・独立論が噴出する。『復帰十年』の区切りもまた例外ではなかった」

取り上げたのは、沖縄出身で自治労副委員長の故仲吉《なかよし》良新さんが提唱した「沖縄特別県構想」だった。仲吉さんは、それから三年後の「新人国記～沖縄県編」でも「本土に根を張って」の項で紹介した。

百二十七万人の組合員を持つ自治労本部副委員長仲吉良新（五十三歳）も、主張の明確さではひけをとらない。那覇市出身。旧県立二中生から集団疎開で福岡へ。郷里に残った父母、祖父母、弟と妹の六人が沖縄戦で死んだ。

琉球政府法務局勤務をして、三十八歳で沖縄最大の労組組織である県労協議長になり、反基地闘争と復帰運動を指導した。「県民の共鳴ぶりに身が震えた」。復帰後に自治労沖縄県本部の委員長。東京に出て五年になる。

その沖縄県本が四年前に打ち出した「沖縄特別県構想」の提唱者が仲吉だ。国の財源を一括配分して、使途は自主性にまかせてくれ、とする「自立」を目指す考え。「残念ながら、まだ広範な動きになっていないが、強大な米軍基地を本土に代わって押しつけられたままの沖縄の姿をなんとか変えようとの気持ちは、いつの日か県民の支持を受けると信じる」と口調を強める。（敬称略）

まさに、地方分権論のはしりであろう。東京の自治労本部に訪ねた仲吉さんは、沖縄への思いを語り続けたのである。

✣「居酒屋独立論」巡り

大田さんと政府との対立の最中に忘れられないフォーラムが那覇市で開かれた。九五年十二月二十四日である。『沖縄自立』を求める市民フォーラム」と名付けられた。元沖縄タイムス会長の新川《あらかわ》明さん、沖縄大学学長をした新崎盛暉《あらさきもりてる》さんのほか、経済人や文化人たちが呼びかけ人会議を開いた席には、私も同席させてもらった。ある日の夜、新崎教授の研究室だった。

このフォーラムの名称をなんとするかで議論があった。当初考えられた『沖縄独立』を求める」という案は、「自立」と変わった。「独立」という言葉に対する社会のアレルギーを考えよう、という意見が通ったのである。

フォーラム当日は、会場を多くの市民などが埋めた。取材ノートを繰ると、のべ三十人が発言をしていた。「沖縄は自我を取り戻した」「いかに生きるべきかを考えよう」「基地を返せと全県民が言えるようになった」などと熱っぽい訴えが続き、精神的な自立こそ求められるとの声が強かった。

そして、二年後の九七年五月には、那覇市内で二日間で千人以上が参加した「沖縄独立の可能性をめぐる激論会」が開かれるまでになったのである。国と争った裁判に敗れ、沖縄の心を前面に訴えてきた大田さんは、経済振興策と引き替えに幕引きをしたが、県民の怒りが収まっていないことを示していた。もう、「独立」の言葉が、沖縄社会の中で、アレルギーを起こすという状況ではなくなっていた。

呼びかけ人は、著名なシンガーソングライターの喜納《きな》昌吉さんや新川明さん、新崎盛暉さんのほか、この本の「はじめに」で紹介した平良《たいら》修さん、高良《たから》勉さん、真喜志《まきし》好一さんの三人、それに本土からは佐高《さたか》信さんらの名もあり、全部で三十人を超えていた。

二日間で八時間に及んだ激論会の様子は、実行委員会が編纂し、京都市の紫翠会出版から出た『激論・沖縄「独立」の可能性』に詳しいが、この本の最後に注目すべき論争が収められているので触れておきたい。

新川明さんが寄稿した「沖縄『独立』論のこと――新崎盛暉氏の論難に寄せて」であり、タイトルで分かるように、長年の友人であり、ともに第一級の論客、文化人である二人の考えの対立である。

この論争を詳述する紙幅の余裕はないが、新川さんの記述で追ってみたい。

それによると、新崎さんは担当している沖縄タイムスの定期コラム欄で、「沖縄独立論の虚実」と題した文章を書き、激論会にも触れて、「『独立論』批判を一方的に展開している」という。さらに『週刊金曜日』でも、このコラムの延長で再論した、とする。

新川さんは、新崎さんの沖縄タイムスの記事を要約するとこのようになる、と紹介した。

私（新崎さん）の言葉で言えば、「居酒屋独立論」の域を出ていない。「居酒屋独立論」とは、一杯飲んでいるときは、「もうこうなれば独立だ」と悲憤こう慨して怪気炎をあげながら、酔いがさめれば、高率補助に首までどっぷりつかった日常生活にいとも簡単に舞い戻ってしまう状態を指す。

さらに『週刊金曜日』での論はこうだ、と指摘する。

安保や、海上ヘリポート問題や、米軍用地強制使用問題を迂回した独立論は、民衆の反権力意識を、心情的な差別告発論に拡散・解消させてしまうことになりかねない。

もはや独立論や、独立論の賞揚者たちは、独立の夢を語ったり、それに共鳴するだけでなく、せめて独立研究会でもつくって（略）、「独立」が現状打破や将来展望の有効な手段となりうるか否かの具体的検証を行うべきではあるまいか。いま、独立論者たちの責任が問われているのである。

これに対し、新川さんが痛烈な言葉で反論した。

「新崎さんの言説は、昨今の『独立論的雰囲気』とか、状況的な『思潮』に限定して書いたようにみせかけながら、内実は『独立論』オール否定、有害無益、無為無策の居酒屋論議に等しいと言いつのるだけの、まっとうな状況報告としても成り立たない粗末きわまりないものである」と切って捨てたのである。

さらに、「『沖縄独立論者』の諸相について触れたい」として次のように書いている。

本業のかたわら、環境問題、基地問題、平和運動に熱心な人もいる。敬虔なキリスト者もおれば、さまざまの専門分野にわたる大学の教官や学生たちもいる。会社役員、サラリーマン、自営業、市町村議会議員、地方公務員、農業従事者、ミュージシャン、など。そして、私のような「飲酒」が苦手の年金生活者まで、職種、年齢、性別は多種多様。当然のことながら考え方もさまざまで、それぞれが思い描く「独立」の「夢」やイメージも百人百様といってよい。（略）

眼前の状況の流動や、その状況を規定する、より大きな国内的または国際的政治や経済の動きとからめてなされる議論がある一方で、精神史の領域から五十年、百年のスパンで「独立」問題を考える思考パターンまであって、その幅は広い。（略）

重要なことは、以上のごとく多様多彩な「独立論や独立論の賞揚者たち」がこの地、沖縄に湧き出てきて、百花斉放、百家争鳴の趣を呈していること、これである。居酒屋で一杯飲んで気炎をあげる「居酒屋独立論」おおいに結構で、私などの目には涙がこぼれるほど嬉しい現象なのだ。

「復帰」後二十五年、沖縄社会もやっとそのような「雰囲気」を許容できる地点まで辿りつくことが出来たと思うと感慨無量、胸をしめつけられるからである。

新崎さんの論難を逆手にとっての切り返しであった。

ここで、新崎さんの人となりについて、私が「新人国記～沖縄県編」（八五年）で紹介した部分を示したい。「まえがき」にある平良修さんに触れた「草の根の平和主義」の中である。

沖縄大学学長新崎盛暉（四十九歳）も、一坪反戦地主会の代表世話人。反戦地主会長をしている平安《ひらやす》常次（五十一歳）が持つ嘉手納基地の土地の一部を買い、平安らの活動に連帯しようという一坪反戦運動だ。沖縄現代史の研究者で知られるが、「身を投じることで沖縄の苦難の歴史を共有できる」という。

両親が沖縄出身。東京で生まれて育って東大卒。高校生の時、仲宗根政善著のひめゆり学徒をめぐる『沖縄の悲劇』を読んで衝撃を受けた。屋良朝苗が戦災校舎復興募金で東京を歩く姿を見て、「沖縄二世が沖縄の血を感じた」。大学の卒論が「日本復帰運動の研究」と沖縄問題へまっしぐらに進んだ。

都庁勤務をしながら、中野好夫の沖縄資料センター主任研究員となり、「自分自身への責任を果たすため」に沖大助教授に。「二年前から学長職と反戦運動の二足のわらじ。幸い、まだ足をすくわれていない」と歩みの確かさに自信をみせる。(敬称略)

ちなみに、軍用地の賃貸借契約を拒否し続ける反戦地主会は、復帰半年前の発足時に約三千人の会員がいたが、この記事を書いた八五年当時には九十人余りに激減していた。国のあめとむちの政策の結果だったが、一坪反戦地主はこれらの未契約地主を組織的に支える運動を今日まで続けている。新崎さんらの努力もまた、大きい。

さらにいえば、著作の多くは若者にも大きな影響を与えてきた。沖縄同時代史シリーズ(凱風社刊)は、新崎さんが自ら述べているように「復帰後の沖縄の実相」を知ることのできる好著である。

さて、新川さんは、このような実践活動を長く続ける新崎さんの主張に対して、「新崎氏は、自ら中心的にかかわる反戦地主たちの『地をはうような持続的な闘い』のみを賞賛する。私もその闘いに深い敬意と限りない支持を惜しむものではないが、新崎氏の言説から読み取れる運動の思想について、どうしても合点がいかないところがある」と記述する。そして、こう続けた。

まず、第一に、自分たちの運動のみが唯一絶対の「正義」であり、他の運動や心情的な流れなどはその価値を認めない思想の硬直性と狭隘性である。さらに第二には、それゆえに生じる、運動の思想的な限界性に対する無自覚である。

私はこの激論会を直接取材していない。そこで、二人の論争について記事を書く機会も得なかったので、このように引用で一部を描いてみた。二人の論拠の違いが浮かび上がっていると思う。新川さんの精神史としての自立・独立の思想と、新崎さんの具体的活動論との間の論争は、尽きぬところであろう。ともに相手を理解した上での、これまた「切り結び」であることを根底において、考えたいテーマである。

第X章　対談「沖縄学」とは何か

✣自己認識を問う

これまで、「沖縄学」という言葉が随所に出てきた。その担い手が、沖縄県対日本政府の訴訟でも大きな役割を果たしたことも見た通りである。では、「沖縄学」とはどんな学問なのだろうか。一部説明をしてきたが、もう一歩踏み込んだ理解をしていただきたいと思う。

私は那覇支局長時代の一九八三年に、比屋根《ひやね》照夫琉球大学教授と沖縄学について対談をした。当時、全国紙では朝日新聞西部本社版だけが、「沖縄のページ」と題した地方版を週一回設けていた。そのページの大型企画「沖縄を語る」で、六回の連載として紹介した。

「今読み返しても、少しも古い感じがせず、そのまま収録してもらってもいい内容だ」と比屋根さんからの評があった。そこで、対談のうち五回分を紹介させていただくことにした。「平成の乱」を振り返る際にも、沖縄人の心を理解する一助になると思われるからである。

比屋根さんは、三九年に沖縄本島中部の美里村（現沖縄市）に生まれ、コザ高校から琉球大文理学部を卒業。東京教育大の博士課程を終えた。沖縄近代を中心とする日本政治思想史研究を専門とし、『近代日本と伊波普猷《いはふゆう》』『自由民権思想と沖縄』などの著書を発表してきた。当時も今も、「沖縄学の父」と称された伊波普猷の優れた研究者である。

対談の主なテーマは、「沖縄学」の勃興と、その礎となった伊波の人となりを聴くことだったが、当時、四十代半ばの気鋭の比屋根さんは、学者の立場はもとより、一人の沖縄人としても、「ヤマト」の言葉で代表される日本本土からの抑圧の歴史を憤り、これもまた過酷な米軍統治を経験した沖縄の人々の複雑な思いをも語った。

① 沖縄学の復権
――相次ぐ研究書の出版　若い世代の活躍目立つ

――ここ一、二年、「沖縄学の復権」という言葉がよくささやかれるようになりましたが、具体的にはどういうことですか。

比屋根　一番わかりやすいのは、沖縄に関する各分野の研究成果を世に問う出版物が急増している点でしょう。民俗学、言語学、文学、歴史学、政治思想史などです。復帰後（沖縄が七二年に日本本土に復帰した後、という意味）十周年の昨年だけで百冊以上に上り、今もそのブームは続いています。きわめて特徴的なのは、その著者が三十代後半から四十代にかけての若い人が多いことです。

――沖縄学とは、それら各分野の研究の総称ですか。

比屋根　そうです。限定された学問の一分野というわけではありません。だから「沖縄研究」と言い換えてもいい。あえて「沖縄学」といわれているのは、学問そのものが、沖縄の近代以降の歴史に根ざしているという特色を持ち、学問としての体系というよりは、沖縄人の生き方、自己認識のあり方を問う問題意識を内包しているからです。とくに、敗戦後の米軍統治の下で、痛烈に沖縄人とは何かを、認識させられた。そんな時代背景もあるのです。

――研究の担い手という面ではどうですか。

比屋根　かつての本土の学者から、琉球大の教官を中心とする沖縄人自身の手に変わりました。これも「復権」の一面といえるでしょう。私たちの世代はドルで育ち、多感な高校生時代に復帰運動に参加したりした。その後、本土の大学や琉大で学び、蓄積を重ねた。それがやっと今、花を咲かせはじめたと思います。

――ハダで感じた時代状況をそのまま学問として研究、分析されているわけですね。

比屋根　沖縄学のスタートからそういった宿命があると思います。沖縄研究が進むこの状況を、「被抑圧文化の復権」と呼んでいます。つまり、沖縄の近代以降の歴史の流れ、というか、現実との緊張関係や課題にいつも対決せざるを得なかったのです。沖縄学の父といわれる伊波普猷が明治時代、研究に取り組み始めた経緯もまさにそうなんです。明治時代に沖縄の方言や風俗といった独自の文化は、天皇を頂点とする日本支配体制の中で、皇風にそぐわないものとして切り捨てられていきました。伊波はこんな権力を背景とする圧倒的な潮流の中で、沖縄の持つ文化の意味、すなわち独自性と、それは決して劣等な文化ではないということを繰り返し説き続けたのです。地域の文化として正当に評価すべきだ、との主張です。

――その姿勢が、今も若手に脈々と受け継がれているわけですか。

比屋根　伊波の登場で、沖縄は初めて内面から沖縄を語る人物を得たわけです。それまでの沖縄には、統治の手段としての沖縄調査しかありませんでした。たとえば、地割制度や租税調整といった明治政府によるものです。そんな中からは、沖縄人の息吹といったものが表れるわけがありません。伊波はそれを「おもろさうし」や沖縄歴史の研究を進めることで、沖縄文化のすぐれた独自性を浮かび上がらせたのです。そのことは同時に、時の権力の切り捨て政策と鋭く対立することになる。いま沖縄研究をするものは、必ず伊波の業績をくぐります。もちろん、伊波のなしとげた各分野の学問的到達点は明治のころのことで、今では、それをしのぐものはあります。しかし、それだからといって、伊波の巨大な存在が消えるわけではないのです。

――比屋根さんは伊波研究でも知られていますが、もっとも感銘を受けたのはどんな点ですか。

比屋根　内に対して、つまり沖縄人に対しても痛烈な批判者であった点ですね。沖縄人の持つ権威に対する事大主義、共同体社会内における厳しい制裁様式などを欠点として批判したんです。単に沖縄の文化を本土よりすぐれているんだ、というのではなく、沖縄を内から改革して主体性を確立しなければだめなんだ、というわけです。伊波は「琉球民族」という言葉を使いました。この言葉は、当時も今も誇りを持って沖縄研究の人たちの間でも生きていると思います。この「内」に対する批判を込めて、独自性を主張する姿勢を私も失いたくありません。

［伊波　普猷］一八七六（明治九）年～一九四七（昭和二十二）年。言語、文学、歴史、民俗などを総合した沖縄研究の創始者。那覇士族出身で旧制三高、東京帝大卒。明治政府の「琉球処分」後の苦難の道を歩む沖縄に戻り、多様な啓蒙活動を展開。民衆の政治的自覚を呼びかけた社会思想家でもあった。のち上京し、柳田国男、折口信夫、河上肇らと交流。『古琉球』『をなり神の島』『孤島苦の琉球史』『琉球古今記』など著書多数。著作は『伊波普猷全集』全十一巻（平凡社刊）に収められている。

［おもろ］奄美・沖縄諸島に伝わる古歌謡で、一二世紀ごろから一七世紀ごろにわたってうたわれたとみられる。これらを首里王府で採録し、全二十二巻にまとめたのが、沖縄最古の歌謡集「おもろさうし」である。

② 伊波普猷の道
――根底に薩摩閥の批判　独自の地域文化を主張

――沖縄学の父と言われる伊波普猷の学問的な特徴について、もう少しくわしく聞かせてください。

比屋根　たんなる学問ということだけでなく、明治政府の藩閥政治批判、つまりは薩摩閥批判をその根底にはっきりと据えていたという点ですね。明治の末から大正にかけて伊波は次々と沖縄研究の書を出したのですが、この中で、一六〇九年から幕末までの島津による沖縄支配は、植民地・奴隷制度そのものだということを説くのです。そして明治になってからの「沖縄県」の姿を見ても、まさに形を変えてその薩摩支配がそのまま存続していると断じたわけです。こんな姿勢の伊波を当時の薩摩出身の知事が快く思うはずがありません。県庁からも危険視され、東京帝大出身でありながら県の嘱託の図書館長でしかない状態が十余年も続きました。

――それでも、書斎の学問にとどまらず、多様な啓蒙活動に取り組んだわけですね。伊波をかり立てたものはなんだったんですか。

比屋根　あまりにも沖縄の民衆はみじめであると感じたからに違いありません。伊波は「大学を出て沖縄に戻ってきた当初は郷土研究者で終わるつもりだった」と書いています。それが、極端な貧困に苦しむ県民の姿を見て、書斎の学者にとどまることができなくなったんです。明治政府による沖縄統治のやり方を、当時の新聞人は「沖縄歴史の隠滅政策」といっています。沖縄の文化のことごとくを、抹殺して皇風に染め上げるという意味においてです。伊波自身もそう受け止め、その中から「日琉同祖論」の主張が出てくる。われわれ沖縄人は本土人と同じ日本人であり、遠く離れていてもすぐれた独自の地域文化をもっている。それを消し去ることは許されないし、滅びゆくわけがないという自負なんです。

――比屋根さんは、それを「地域発掘の文化運動」と呼んでおられますね。

比屋根　はい。それは伊波が意図していたかどうかは別として、アジアの各地で見られた植民地の独立運動が担っていた文化的独自性の主張と同じ流れの中にあると思います。フィリピン独立運動の父といわれるホセ・リサールや、インドのガンジーといった人たちのようにです。そして、ガンジーがイギリス留学で身につけたヨーロッパの知識、文化といった衣を脱ぎ捨てて、インド文化そのものへ傾斜していったと同様に、伊波も東京で学び、体につけた「本土・日本」の衣を次々と脱いで、沖縄の自己主張というか、沖縄からの異議申し立てをするようになったのです。

――伊波の少年時代からの体験も色濃く投影しているといわれますが。

比屋根　伊波らが中心となった沖縄県尋常中学校ストライキ事件がその好例でしょう。この事件の遠因は、当時の校長が英語科廃止方針を出したことです。校長は、生徒が本土の標準語、当時は普通語と言ったんですが、それも完全に使えないのに、英語まで学ばなければならないのは気の毒だ。外国語を一度に二つ修めるのと同じだから、一つをなくす、といった理由付けをしたんですね。伊波らはこれに対し、英語が廃止されれば高等学校への進学が困難になるうえ、何よりも沖縄を植民地扱いしている点に怒りを爆発させるのです。結局、校長排斥のストライキとなり、伊波は退学処分を受けています。のちに伊波が古琉球の独自性を強く訴えたのは、この事件を契機としているといえるかもしれません。

――若い沖縄研究者がふえているのですが、伊波の歩んだ道と比べて、何か気づかれたことがありますか。

比屋根　それは、沖縄学というものが伊波の場合に見られるように、現実との絶え間ない緊張関係を持たざるを得ないのに、私たち四十歳代よりも若い研究者には、その緊張関係がだんだん薄くなっていく傾向があることですね。いいかえれば、沖縄学を構成する歴史学、民俗学、言語学、文学など各分野の研究が、あまりに専門的に細分化が進んで、学問のための学問になっているのではないかとおそれるのです。伊波が人間の全体性の回復をめざしたあの初発のエネルギーを枯渇させてはならないと思います。いずれにせよ、伊波ほど一つの地域に固執した人物は、日本の思想史のなかでもまれでしょう。沖縄だけでなく、日本の各地の人が、その足跡を知ってほしいと願っております。

［日琉同祖論］日本人と沖縄人の人種的、文化的同一性を学術的に立証することにより、民族的一体性を強調する理論。十七世紀後半、琉球王国の摂政だった羽地《はねじ》朝秀が提唱した。伊波はその後の各種の研究を統合し、琉球民族は大和民族の一分枝であることを証明した。近代以降の沖縄人に人間としての存在根拠を与え、同時に沖縄への偏見を是正させた。
［尋常中学ストライキ事件］一八九五（明治二十八）年十月から翌年三月まで六カ月に及んだ。当時の児玉喜八校長の辞職・退陣と教育の刷新を求めた。児玉校長が解任されたが、伊波ら五人の生徒は退学処分になった。前例のない大ストで近代沖縄史上に占める政治的、思想的意味は大きいとされる。同校は後に県立一中、現在は県立首里高校。

③　若手学者の群像
――強い「沖縄」への情念　米軍統治下で自己体験

――沖縄学研究の担い手は三十代後半から四十代にかけての若手学者が中心ということですが、共通する姿勢とか意識といったものは。

比屋根　生まれそのものが沖縄、という点に意味があります。みんな、学生時代を米軍統治下で送り、「沖縄」を自分の問題として全身で担いでいたのです。学生運動をやった者、学問の道に入った者と、道は違っても、共通しているのは、そういった沖縄に対するパトス（情念）だと思うのです。なにしろ、昭和二ケタ世代はいちばん多感な時代に、米軍統治の開始から終了まで全部を見ている世代です。沖縄研究への取り組みの根底には、沖縄の現状をなんとかしなければならない、という意識があったのです。

――研究者にはどんな方がおられますか。

比屋根　琉大の教官グループを挙げることができるでしょう。我部《がべ》政男（日本政治史）、岡本恵徳（近代文学）、金城正篤（東洋史）などといった人たちです。米軍統治下の体験を通して、それぞれの分野で様々な課題をにらみながら、大学院の修士論文の形にまとめていくなどの努力を通じて、これが復帰後十年の時間を経た後、一挙に沖縄研究書ブームとして出てきたというのが、ここ一、二年のことです。

――具体的な例を教えてください。

比屋根　我部さんの『明治国家と沖縄』という本が端的に示しています。タイトルが表すように、沖縄の近代を決定づけた明治政府による琉球処分のあり方を追求したものですが、その主要なテーマは「民族的な統合・一体化とはどうあるべきか」なんです。つまりは、日本と沖縄のあるべき民族的統合の仕方です。明治政府のように独断的な方法でなく、下からの統合・一本化を模索したわけです。我部さんだけでなく、私たち世代の共通の特徴といえるでしょう。本土と沖縄の民族的な連帯感のなさを、歴史を実証的にたどって検証することで、当然、今の日本はどうあるべきかを沖縄側から指摘したわけです。平和憲法を持った日本への問いかけといった一面もあります。さらに言えば、日本の国家像のあり方に迫るものをもっていると思います。若手研究者が沖縄の近代以降、日本というものの国家のあり方を至近の距離でとらえたのは初めてといってよいでしょう。

――本土の歴史学者は、これら沖縄からの投げかけをどう見ているのでしょうか。

比屋根　その点が大切なんです。これまで述べたポイントを見逃すと、私たちの沖縄研究の意味がなくなるのですが、残念ながら本土の歴史学界は十分に応えてくれているとは思えません。ただ、一連の研究を真剣にとらえようとする動きは出てきています。一例を挙げますと、二年前に出た東大の『史学雑誌』が、沖縄研究をかなり丹念にとらえたのは、いままでになかったことです。復帰後の十年近くは反応がなかったのが、近年の研究結果の爆発的な噴出でやっと目が向いてきたといえるでしょう。個別の研究者を挙げれば、東京経済大の色川大吉、早稲田大の鹿野政直、立教大の住谷一彦のみなさんは、深い関心を沖縄研究に示しています。

――そういった本土側の動きは、沖縄若手学者の成果といえますか。

比屋根　というよりも、日本そのものが危機的というか、右傾化の傾向が強まり、沖縄の持つ意味が問い直されてきたということではないかと考えています。安保とか基地問題にしても、沖縄を除いては書けないでしょう。さらに、日本の政治思想を語る場合も、沖縄は先端にあるということです。復帰前は、本土のごく少数しか沖縄について書きませんでした。その場合も共通するのは、現実の政治論、状況論が中心でした。今は、沖縄の近代や、それよりもさかのぼった時代からの研究が出てきています。

——つまり、本土の学者も構えが違ってきたということですか。

比屋根　そういえるでしょうね。住谷さんの最近の著書に『日本の意識』というのがありますが、これは沖縄研究をどうとらえるか、を主題にしています。住谷さんは「河上肇と伊波普猷」というテーマをずっとあたためている人です。こういった傾向は復帰前は考えられませんでした。鹿野さんも「おもろ」や琉球独自の古層文化をも射程に入れながら東京で独自の沖縄戦後史研究を続けています。ひとくちで言えば、表相の沖縄の状況を見ただけで、沖縄を書くことはもはや通用しなくなったといえます。そういう状況を引き出したのは琉大の若手研究者がぞくぞくと育ってきたことと無縁ではないと思います。

［琉球処分］　一八七二（明治五）年の琉球藩設置を始まりとして、一八七九（明治十二）年の廃藩置県、翌年の分島問題が起きる九年間にわたって明治政府の強権のもとで、琉球が日本の中に組み込まれていった一連の政治過程をいう。これによって、琉球王国は滅び、沖縄県となった。一八七九年、廃藩置県を通達した政府は、軍隊と警官の武力的威圧のもとで、首里城の明け渡しを求めた。

④背負うオキナワ

——米への愛憎入り乱れ　民主主義の原点を問う

——若手学者の沖縄問題への目を開かせた「原体験」の具体的な例として、基地の町・コザで高校生活を送り、琉球大へ進んだ比屋根さんの場合はどうでしたか。

比屋根　コザ高校に入学したのが五五（昭和三十）年です。武装米兵が出動して、伊佐浜の農民の土地を強制収用するなど基地強化を力ずくで進める米兵に対し、全島が反対闘争で燃え上がっているときです。翌年には、私の生まれた美里村（現在、沖縄市）でスクラップ拾いの地元の婦人が米兵に射殺されたりで、「戦後の暗黒時代」といわれた時期に高校生活を送りました。

——沖縄の軍事基地化が進み、異民族支配のピークのころですね。

比屋根　そうです。コザはそのなかでも、基地そのものの町です。高校への通学路に米兵相手のバーが次々と出来てゆく。白人や黒人がネオンのもとにたむろする姿が、毎日飛び込んでくるのです。二年生の時、私より一年下の女生徒が登校途中に泥酔した米兵の車にはねられて死ぬ事件が起きました。葬式には全生徒が参加し、学校では抗議集会も開きました。基地の町がどういうものかを象徴する事件で、私たちの高校生活がどんな環境にあったか分かっていただけると思います。土地闘争といえば、入学してまもないころ、上級生が高校の門に「アメリカよ、歴史の流れに逆らうな」と大書した横断幕をあげたことがありました。民主主義の国として世界に誇るアメリカが銃剣で農民の土地を奪うのは、自らの歴史を踏みにじる恥ずかしい行為と思わないのか、という高校生らしい素朴な声なんです。時代状況に鋭敏に反応する高校でした。

――当然、それらの体験が生徒たちに影響を与えたわけですね。

比屋根　文芸活動が盛んになったのが、その例でしょう。目の前の不条理に対し、直接行動するわけにはいきません。高校生ですから。『緑丘』という文芸誌があったのですが、アメリカを風刺したり、批判する詩が次々と掲載されました。内容があまりに激しいので、校外持ち出し禁止処分になりました。伊佐浜の豊かな土地を追われた農民は、コザ高校の裏にあるヤセ地に移ったんです。石ころだけといっていいところです。満足な農業ができるわけがなく、後にこの地区の人たちは離散してしまうのですが、その姿を見て涙を流したりしました。わたしも『緑丘』に、「逆らひて逆らひ抜く力吾等になきか四原則くずれ行かんとする今」「土地接収の脅威吾等を覆う黙然として逆らう術なき吾等農民」などの歌を投稿しました。短歌なんてとても言えないものですが。

――その中からいろんな交流も生まれたのでしょうね。

比屋根　個性的なタイプの仲間が多くでましたね。同級生では、沖縄の風俗、祭りをカメラで追い続けて「太陽賞」をとった写真家の比嘉康雄、一期上では沖縄の戦後唯一の新劇といわれる劇団「創造」を主宰する幸喜《こうき》良秀、一期下では岸田戯曲賞をとった戯曲家の知念正真、中退はしましたが「オキナワの少年」で芥川賞を受けた東峰夫《ひがし》などのみなさんです。比嘉君は、一度警官になるのですが、米軍のB52が嘉手納基地で墜落、炎上した時、嘉手納署に勤務していたんですね。そのとき、住民のおびえきった姿を見て、自分も原爆が落ちたかと思う恐怖に包まれ、魂が抜けたかという感じを受けたというのです。この事故をきっかけに警官をやめて、写真家の道を歩むようになったといっています。

――そういった雰囲気の中で印象に残っていることは何でしょう。

比屋根　当時、ジョン・ウエインの西部劇が盛んに上映されていたんですが、その中でインディアンが殺されてゆく。それをアメリカ開拓史の暗黒面ととらえ、沖縄での婦人射殺事件や女生徒の死亡事故とだぶらせる見方が、生徒たちの中にあったことです。いいかえれば、「マイノリティー」（少数派）の民族の悲劇としてのとらえ方です。土地闘争の学生集会は、コザだけではなく、那覇、石川など各地で開かれました。沖縄学の若手の研究者は、それぞれこの怒濤の時代に共通した体験と、沖縄への思いが心に築きあげられていったと思います。琉大に入学したら、こんどは米軍の学内パトロールに出くわしました。そして、米軍統治のいろんな宣伝パンフレットも学内に配布されている状態でした。学生自治会はこれらの廃止を求めて立ち上がり、ついにはそれを実現させたのですが、学生生活は否応なしに、沖縄の政治状況そのものと毎日、直面せざるを得なかったわけです。

――そして、比屋根さんは沖縄学に取り組むことになるのですか。

比屋根　いいえ、すぐには直結しなかったんです。第一に、当時はまだ沖縄研究が学生にとって一般的な存在でなかったということがありました。もちろん、琉大に大田昌秀、宮里政玄、仲宗根政善ら少数の先生方はおられましたし、「おもろさうし」研究の権威・外間《ほかま》守善教授が東京で活動を始めてはいました。私たちが、あまりに政治状況にとらわれて、沖縄研究というものを自分自身のものと考えることができなかったのかもしれません。また、資料もきわめて不十分でしたし、もう一つ言えば、沖縄そのものや、アメリカという国への屈折した思いが強すぎたことがあります。大学生活を送るうちに、沖縄の何もかもがいやだという脱出志向が強くなったんです。貧しくて、気候は暑く、土地はやせている。ここから生産的なものは何も生まれないのではないか、という気持ちです。アメリカに対しては「一度は行ってみたい」というあこがれと、現実の沖縄に対する仕打ちを見ての反発。言ってみれば、愛憎の混在です。

――と、すれば、何がきっかけになったのですか。

比屋根　外間先生が琉大に赴任され、はじめて講義された「琉球文学」の講座を聴いたことでしょうか。外間さんは、伊波普猷の「おもろさうし」研究の出発点を語りました。沖縄の誇るべき文化的独自性を、明治政府の皇民化政策への異議申し立てとして、伊波が取り組んだその心です。そして、外間先生は、土地闘争の敗北感が漂う沖縄で、うっ屈している私たちに「まず、東京へ出なさい。そうすれば道が開ける」と勧めてくれました。東京は、祖国日本そのものですし、私にはキラキラと輝いて見えました。これを契機に琉大卒業生の何人かが、東京で沖縄研究を始めるようになりました。ただ、そこに待っていたのは、まず、コツコツと資料集めをする生活でした。

［伊佐浜土地闘争］宜野湾《ぎのわん》市伊佐浜における米軍の武力による土地接収への反対闘争。沖縄を巨大な不沈空母にするという米軍は、一九五三年、民政府布令の「土地収用令」を公布し、各地で強制収用を開始した。伊佐浜では、五五年三月、武装兵とブルドーザーを出動させた。反対闘争の中で、逮捕者と多くの負傷者を出した。

⑤明治と昭和の選択
――ぜい弱な民権の視点　似通う本土の沖縄政策

――東京教育大の修士課程に進まれた六七年ごろの東京での沖縄研究はどんな様子だったのですか。

比屋根　私たち琉大生に大きな影響を与えた外間守善教授がそのころは、和洋女子大に移って東京におられ、自宅を事務所にして「沖縄文化協会」を主宰していました。この協会は戦後、比嘉春潮《ひがしゅんちょう》先生らが創設したもので、在京の研究者らも含めて五、六十人が参加して『沖縄文化』という雑誌を発刊するなど、沖縄研究の先駆的な存在です。みんな沖縄出身者で、春潮先生も当時は健在でした。

琉大から東京の大学院で沖縄研究をしようという私たちの同級生らは五、六人でした。言語学系統は東京都立大、文学・歴史関係は東京教育大というように。そして、一方では、この沖縄文化協会に入って、それぞれが活動を始めたのです。言ってみれば、戦後続いた研究が、若い世代に継承されてゆく幕開け期とみていいでしょう。

——研究のための資料集めに非常に苦労されたというお話でしたが。

比屋根　今のように自治体の公的な資料収集機関が少ない時代でしたからね。沖縄戦で焼き尽くされた痛手が大きく、地元の沖縄ですら県史編さん所が精力的に収集活動を始めたばかりで、県史も数巻出ただけのころです。まして、沖縄近代史に取り組む私たちは県史だけではどうしようもありません。そこで、自分の論文を書くために、国立国会図書館、東大資料編さん所や都内の各大学の図書館、個人の蔵書家を回る日々が続きました。ありがたいことに、それらの所には、沖縄びいきの職員がいまして、資料提供に積極的に協力してもらうことができました。

——そういう資料掘り起こしから何をめざしたのですか。

比屋根　沖縄研究者の多くの人の願いは、沖縄の近代、現代史を書き換えたいという点にあったと思います。沖縄学の父・伊波普猷は、たしかに巨大な存在ですが、歴史的に見れば、彼の研究成果はもう古典であるといっていいと思います。足で資料を集めるうちに、伊波の成果を肉付けし、沖縄の近代史からさらに進めて現代史へと、私自身の目が向くようになりました。この方面では、中野好夫先生が主宰する「沖縄資料センター」が二、三年前から同じ東京で発足していて、沖縄関係の刊行物、新聞の切り抜きを収集しており、情報センター的な機能を持っていました。新崎盛暉さん（現・沖縄大学長）もおられ、毎月、『沖縄資料センターニュース』を出すなど活動を続けていました。私や我部政男さん（現・琉球大教授）は、東京にいる六年間、このセンターに関わり続けたのです。

――どんなふうに資料収集をしたのですか。

比屋根　毎年、夏休みを利用して一カ月ぐらい沖縄に帰るのです。そして、民政府、琉球政府、立法院などの資料や各労組のパンフレット、デモや集会で配られるビラに至るまで、集めました。そして、東京での資料とも合わせて、出来上がったのが六八年刊行の『沖縄問題基本資料集』です。まとまった資料集としては初めてのもので、千三百ページもあり、戦後の沖縄での布告、布令、法令のほか、国の沖縄に対する施策や方針、各政党の沖縄問題への取り組み、動向を詳しく紹介しています。続いて翌年には、『戦後資料・沖縄』もできました。今の学生は、これらを読むことで、沖縄研究に入っていくことが出来るのです。

――比屋根さんの代表的な著書『近代日本と伊波普猷』や『自由民権思想と沖縄』を読んで気づくのは、明治時代の本土の沖縄に関する新聞記事を丹念に調べておられることですが。

比屋根　東教大大学院で修士論文を書くときに、指導をうけた松本三之介教授（現・東大教授）から、そのアプローチの仕方を勧められたんです。それまでは沖縄の側から、本土の明治期の新聞を利用して分析することがほとんどありませんでした。ところが、明治十年代の新聞には、琉球処分にからんで、いろんな形で沖縄問題が論じられている。今でこそ、当時の『朝野新聞』の復刻本がありますが、そのころは東大の明治文庫や国立国会図書館で閲覧できるだけでした。当時は、東大紛争の最中で、地下にある明治文庫で古い新聞を繰っている間、学生の叫び、演説が耳に飛び込んでくるのです。自分は何のためにこんなことをしているのか、と思うことがありました。しかし、明治の自由民権論者が日本のデモクラシーと沖縄そのものをどう見ていたかを検証することで、本土の沖縄観をぜひ知りたいという強い願望が、そんな疑念を打ち消してくれたように思います。ちょうど、現実の政治課題としても沖縄の本土復帰運動が高潮する時期だったため、明治政府による琉球処分と、昭和の政府の沖縄政策が、ダブルイメージとして私の頭の中で像を結びあうようになっていたんです。

――その明治研究でつかんだ結論はどんなものですか。

比屋根　まさに、沖縄論の原型があったということですね。本土の自由民権派も、ごく少数を除いて、日本の国権優位の沖縄論に従属せざるを得なくて、民権の視点はぜい弱だ、というわけです。これこそまさに、本土復帰の際に、昭和の政府が選択した復帰の態様、つまり、即時無条件返還を願う沖縄の声を入れることなく、基地付き返還の道を選んだその道と、同じではないかと思うのです。

［比嘉　春潮］一八八三（明治十六）年―一九七七（昭和五十二）年。沖縄歴史研究者。沖縄県師範学

校卒。大正時代に小学校長を経て、新聞記者、県庁職員など。のち上京し、出版社員も経験。戦中、戦後ずっと柳田国男門下で民俗研究をする。四七（昭和二十二）年に沖縄文化協会を仲原善忠らとともに設立、戦後の沖縄文化研究の基礎をつくった。旧師・伊波普猷が晩年、不遇になったとき、夫人とともに自宅に迎え、最期をみとるなど人情の厚さでも知られる。

沖縄タイムス最高顧問をした故豊平良顕さんは、かつて朝日新聞那覇支局長をされたこともあって熱心で怖い読者であったが、この対談を読まれた後、電話で「ウチナーンチュが読んでも本当にいい内容だった」との感想をいただいた。「比屋根さんはこれまでよくは知らない人だが、著作を読みたくなった」との言葉も加えられた。比屋根さんが著書『近代日本と伊波普猷』で、沖縄タイムス制定の「伊波普猷賞」を受賞したのは、間もなくのことであった。

✣「時代と格闘せよ」

私はこの対談で受けた強い衝撃と感銘を、今でもはっきりと思い出す。沖縄学とは、同世代の沖縄人が共通して体験した異民族支配下の苦しみをそのまま映す学問でもあった。若手学者の地をはうような努力の姿が赤裸々に浮かんでくるのである。

前述のように、大田さんが琉球大教授の退官に際しておこなった最終講義で、自分の沖縄学研究の姿勢を、単に過去の事跡を解き明かす「訓詁の学」ではなくて、沖縄人の真の様々な権利を守るための「マグナカルタ的研究」と自負したことの意味も理解できよう。比屋根さんら学者グループが「市民・大学人の会」を結成して、沖縄の厳しい現実に積極的な関わりを持つこともまた、当然の成り行きと言えたのである。

＊

比屋根さんは二〇〇五年三月末で、琉球大学を定年退官した。それに先立ち、三月の初旬に記念講演を行った。

私との対談でも語った米軍統治という時代に学んだ苦難の道を振り返ったうえで、比屋根さんが「近代沖縄史上、もっともすぐれた言論人・思想家の一人」と常々評価している伊波月城の言葉を援用して学生たちに呼びかけた。

「今も、時代を背負い、時代と格闘することが、諸君に求められている」

明治に生まれ、太平洋戦争敗戦の一九四五年に亡くなった月城は、伊波普猷の実弟。『沖縄毎日新聞』の記者として活躍し、文芸、思想などの面で健筆をふるった。比屋根さんが現代の沖縄で学ぶ若者にこの言葉を贈ったのは、月城が新聞に書いたコラムに感銘を受けたからであった。そこには、こう記されていた。

沖縄の青年諸君、君たちは二〇世紀の沖縄の双肩を背負って立つべく生まれながらに運命づけられている。いま、君たちが覚醒しなければ、沖縄人は奴隷としてのみ、その生存を認められる境遇に陥るのは言わずして明らかである。

いまや先駆者は荒野に立ち、角笛を手にしてこれを吹き鳴らし、自由と合一するため新しい運動を開始しようとしている。

立てよ、青年諸君。いまこそ時が来たのである。諸君には、いま角笛の音がどこからか聞こえて来ているであろう。

（一九一四年六月二十四日付『沖縄毎日新聞』）

比屋根さんは、「二〇世紀」を「二一世紀」に置き換えても、何ら変わらぬ沖縄の苦悩の姿を、若者がしっかりと見抜き、何をなすべきかを自ら考えることを求めたのだ。それはまさに、自分の足で立つ沖縄の実現への希求、であろう。

第Ⅺ章 ルポ「そして辺野古《へのこ》で」――くじけぬ人々

✣「命を賭けないと」

「これだけ戦争勢力が強くなると、命を賭けるぐらいにしないと基地の建設を止めることはできないと思うのです」

二〇〇五年六月下旬、二十年ぶりにお会いした平良《たいら》修さんは、総髪がすっかり白く、七十歳を超えた年輪を物語っていた。この本の「はじめに」で、日本への異議申し立てとして「県」の文字を拒否する姿を紹介した牧師である。穏やかだが、きっぱりとした口調は、以前と同じだった。平和を希求する姿勢と、日本への厳しい批判もまた、変わってはいなかった。

沖縄本島北部の名護《なご》市東海岸に設けられた「辺野古のたたかい」の座り込みテント村の中である。

漁港の防波堤の上に大小二つのテント。砂浜の先には、緑色や紺青色に輝く海が広がる。前面が開け放たれたテントの中は、時に涼風が吹き込むが、むっとした熱気が満ちる。外に出ると、梅雨明けした亜熱帯の太陽の日差しは痛く感じるほど厳しい。

ここで、宜野湾《ぎのわん》市の米軍普天間飛行場の代替えとして、国が打ち出した海上ヘリ基地建設の阻止を掲げ、二〇〇四年四月から地元民や全国各地からの支援者の座り込みが続く。私が訪れた時はすでに四百日を大きく超えていた。

それらの人々の中で、活動の「主柱」の一人ともいえるのが平良さんである。主柱と呼ばせてもらうのは、現場にいるのが平良さん本人だけにとどまらないからだ。

妻の悦美さんも七十歳を超えているが、基地建設準備のために那覇防衛施設局が設けた海上ヤグラの上で座り込みを続けている。南国とはいえ寒風が吹く冬場も、酷暑の夏の日もその姿がある。午前四時に起き、弁当をつくって本島中部の沖縄市の自宅から辺野古に来る。午前六時には港を出て、夕刻までヤグラで過ごす。

「まるで命がけだ」と気遣う声が支援者仲間から出ている。平良さんの言葉は、私がそんな声をぶつけたのに対して返ってきた答えだった。

さらに、四十歳代になる次男の夏芽《なつめ》さんは、平良さんと同様に牧師だが、防衛施設局が繰り出してくる作業船の活動を阻止する海上行動隊の指揮をとり、自ら阻止船の操縦もする。まさに、一家挙げての「たたかい」である。

なぜ、そこまで。そして、そのエネルギーはどこから。たずねる私に、平良さんは「二つの面からお話ししたい」と、こう語った。

「沖縄の米軍基地からはイラクにも出撃をした。軍事基地は、人間の尊厳を破壊する存在だ。基地建設を認めることは命を粗末にすることに手を貸すのと同じ。キリストのいのちを帯びて存在している私としては、神に申し訳がたたない」

そして、言葉を継ぐ。

「この取り組みは、歴史的にも圧政を続けてきた日本に対する沖縄の自己主張、尊厳を求める主張だ。もちろん、沖縄人の尊厳というものは、日本の国家権力などというもので壊されるほど、もろくはないが、横暴な国家のやり方を覆す主権者の力を見せなければならない。その力を共有する願い。それが、このテント村からの呼びかけだ。日々、たしかに私たちは消耗している。だが、その消耗の代償がきっと基地を認めぬ力に結ばれてゆくと信じている」

結果が数字になって表れている。「テント村に来て座り込んだ人が、のべ三万人にはなっただろう」と平良さん。この日も、大型バス二台で兵庫県の官公労の組合員らが訪れ、座り込んで取り組みの説明を受け、カンパをする光景があった。

平良さんは、沖縄市の自宅などで牧師としての活動を続ける。名刺をいただいたら、そこにある住所は「沖縄・沖縄市」とある。二十年前は、「沖縄・佐敷町」だった。やはり、「県」の文字はなかったが、「いまの名刺では、『沖縄』の文字が重なって、どうも（「県」を拒否する）表現にインパクトが欠けますかね」。少し冗談めかした言葉と笑顔が、私の方に向けられた。

✣人間模様さまざまに

壁のようにテントの三方に張り巡らせたキャンバス地の布には、檄文が大書して張ってある。海人《ウミンチュ》と呼ぶ、名護に近い国頭《くにがみ》の漁師、山城善勝さんのものだ。

あの沖縄戦がおわったとき
山はやけ　里もやけ　ぶたも　牛も　馬も
陸のものは　すべて焼かれた
食べるものと言えば
海からの恵みだったはずだ
その海への恩がえしは
海を壊すことではないはずだ

テントの天井からは、辺野古の海で目撃されたジュゴンにちなんで、黄色いジュゴンのぬいぐるみもぶら下げられている。海への思いを硬軟交ぜる形で訴えている。

中で座り込む人たちも実に多様である。

「小禄《おろく》のおばあ」と親しまれている小禄信子さんが、「もう、八十六歳になったさ」と、にこにこ。「さあ、お食べ」と、いきなり冷えたこんにゃくゼリー数個を手提げ袋から取り出し、こちらに差し出しながら、話に応じてくれる。

地元、辺野古に住む。週二回の病院通いの日以外はテントに来て、日なが海を眺める。「こんなきれいな海がなくなるなんて、そんな怖いこと。子どもや孫たちに残してやらねば」。

そして、地元の複雑な事情をポツリと語った。「国がお金をばらまいて、基地に賛成させよる。うちらは反対。とうとう、地区は二つに分かれてしもうた」

小禄さんに限らず、地元のおばあたちは始終、顔を出す。リハビリに通院しなければいけないのに、「テントに行くのがリハビリだ」という案配である。こんな様子を見て、二十歳になったばかりの「シンさん」は、ホームページで続けている「シンさんの辺野古日記」の二〇〇五年六月十七日付で、「おばあたちに会うたびに絶対負けられないと思う」と書いた。シンさんは、東京から来て名護に住みつき、海上阻止行動を平良夏芽さんらと続ける中心メンバーの一人だ。小禄さんは、「シンちゃんは、私たちの孫だよ」といい、「基地をあきらめさせるために、ずっと頑張る。足腰を鍛えておかねばね」と笑った。

テント内にいた本土からの支援の人たちの思いもさまざまだった。

まず、横須賀市から来た鈴木雅子さんと二十代の息子さんに会った。鈴木さんは本土でジュゴン保護の運動を続けている。夫は沖縄出身だ。

「辺野古はジュゴンが棲む海域。えさとなる藻場《もば》が残る美しい海があるからジュゴンが生きることができる。そして、藻場は稚魚の成育する所でもある。ウミンチュにとっての大切さを知って欲しい。それは、すべての環境問題につながる」。鈴木さんは本土の自宅と行ったり来たりだが、息子さんは名護にアパートを借りて、阻止行動に参加している。

蒸し暑いテント内で、シャツ一枚になって座っていた横田雄一さんは七十二歳で弁護士だ。長野県上田市に自宅がある。狭山事件を三十年間担当したり、戦後補償問題に取り組んだが、「残りの人生のうち十年自由に」と、二〇〇五年春から沖縄に単身で住み、沖縄国際大の大学院生をしている。沖縄のハンセン病患者の歴史などの研究をしたいとやってきたが、以前から関心のあった「辺野古のたたかい」に足が向くようになった。

「きっかけは、辺野古の九十二歳になるおばあが『基地をどうしてもつくるというなら、わしは海の上でも座り込む』としゃべったというのを知ったから」。大学の授業時間を見計らって、辺野古を訪れる。

「ここに来て一番強く感じたのは、基地をつくらせないことに本気になっている人たちがいるということだ。沖縄の人も本土の人も、ここでは心が融け合っている」

話を聞いている最中、テントと海上との無線交信が絶えなかった。「三番ポイントに船団接近」など緊張した声が響く。阻止船などから作業船の動向を逐一、連絡してくるのである。

それを聞きながら、この一年余の阻止行動を記録した「シンさんの辺野古日記」を思い返していた。そこで記述された内容は、まるで、映画の一場面と思わせられるような激しい海での争いが時に繰り広げられてきた様子を描いていた。

海上ヤグラは沖合に四つあるが、その上に阻止隊は座り込み要員を配置している。防衛施設局側はボーリング調査のための準備をしようと試みるが、阻止船がその作業船のヤグラへの接近を拒む。業者側の潜水員が海に入れば、阻止隊の潜水要員も飛び込み、水中での阻止をする。「小さなレジャーボートで大型船八隻を相手にしたこともある」とシンさんは伝える。

二〇〇四年十二月、五十代の女性がヤグラから船の上に首から転落し負傷した。シンさんは「作業員が突き落とした」と怒りを込めて書いた。その数日後には、海上阻止隊の男性が作業員とのロープの争奪をめぐり、けがをした。目の前で起きた事態に、シンさんは「羽交い締めをし、なぐる、蹴る。私も眼鏡を壊され、腕を蹴り上げられ、アザができた」。日記は憤りの言葉で埋められていた。これらの事件のすぐ後から、近隣の海人《ウミンチュ》たちが阻止行動に船団を出して加わるようになり、反対勢力は力をいっそう付けた。

海上での行動は、テントからは船の動きがわずかに見えるだけで、詳しいことは分からない。それだけに無線の切迫した声で、逆に緊張感が高まったのである。

✣おじい、おばあが怒り

テント村入り口には、立て看板があった。

『海上基地建設阻止開始より2639日（8年）の命を守る会の闘い＋座り込み435日間』。大きな数字が踊る。この座り込みの日数だけが、日々更新されてゆく。地元の「命を守る会」の息の長い闘いが、座り込みテント村の取り組みに発展し、本土の人々の共感を呼ぶことになったことが、はっきりと示されている。

「ユウジさん」と呼ばれる、会の代表世話人金城祐治さんは七十歳。体調不良で休養中と聞いていたが、テント村に近い自宅で話を聞くことができた。

「病気になったのは、防衛施設局職員の余りに無礼な態度に腹が立ちすぎて、興奮したせい。ストレスで血を吐いてしまった。だが、だいぶ回復した」と笑う。

「辺野古に代替え基地建設」の動きを一九九六年に知って、おじいやおばあが怒った。

豊かな漁場であり、ジュゴンの棲む海。何よりも沖縄戦の記憶がいまもよみがえる。「ヤマトはどれぐらい沖縄をばかにすればいいのだ」。すぐに、反対に立ち上がった。簡潔に、だが気持ちをずばり表す言葉で「命を守る会」と名付けた。六十二人のおじい、おばあが仲間になった。平均年齢は八十歳代である。圧倒的におばあが多かった。

そのおばあたちの強さは、座り込み仲間を大いに勇気づけてきた。たとえば、シンさんの「日記」には、二〇〇五年四月のこんなエピソードがある。

阻止行動の座り込みを始めて四百日を越えた日に、地元紙の夕刊が一面トップで「県内与党、辺野古移設見直し」と伝えた。テント内は歓声があふれ、あちこちで握手する姿が見られた。シンさんも涙がとまらない。と、小禄のおばあが「まだよ！　まだ！」と、怒鳴った。「おばあたちはいつも冷静に本気の言葉で言う。『まだ勝っていない。まだこれからだ』。その意思は私を突き動かしている」。シンさんの述懐である。

「若手」で地元バス会社の労組役員もした金城さんには、最初は会の共同代表、一年後に代表世話人の役目がきた。事務所を設け、座り込みをすることで、強い反対の意思表示をすることにした。それからの日数が、二千六百三十九日だったのである。

「もう六人の老人が思いを残して先立ってしまった。その人たちのためにも、この運動は最後までやり抜く」と金城さんは私の顔を正面から見た。そして、口調を強めた。

「権力相手の闘いは厳しい。ヤマトはどこでも金をばらまいて、解決するという姿勢でやってくる。

それが、沖縄への差別だということをしみじみ感じる。本土復帰した沖縄に基地の重圧を押しつけたまま、ヤマトの人は知らん顔ができるのか」

名護市の人口は五万八千人。本島北部の中心で市域は広く、行政区は細分されている。辺野古は比較的世帯数が多い方だが、それでも七百五十余り。親類、縁者が多く、賛否入り交じって反対を続けるのが困難になってきたお年寄りも少なからず出た。

「そんな中で、昨年からテント村が出来て、若者が多く参加してくれている。素直に、積極的に動いてくれる。基地建設関係の仕事をする会社をやめて、自営業を始めた青年もいる。戦争につながる金ではなく、自立への道を求める人が続いてほしい。新しい『沖縄の時代』をひらく若者の誕生に、テント村の経験が生かされる日が来ることを願いたい」

✣住民の反対も強く

辺野古のヘリ基地計画が浮上した経緯を見てみたい。

近年、沖縄県民有志が行った調査研究で、四十年以上も前からの米軍の意思があることが発表されるなど、「単に普天間飛行場の代替えとして急浮上したなどというものではなく、普天間返還要求を米が逆手に取っての企て」との見方が出始めている。

それまで、辺野古での建設話が持ち上がったのは、いわゆる「ＳＡＣＯ」の最終報告に基づく、とされてきた。当時、取材陣の一員だった私の理解の仕方もそうであった。

ＳＡＣＯは、少女強姦事件をきっかけに大田知事が県民の怒りに後押しされて、日本政府と対立した「平成の乱」にあわてた日米両政府が、沖縄の基地問題を協議するために設けた機関のことである。

正式な名称は「沖縄における特別行動委員会」（The Special Action Committee on Okinawa）。県民総決起大会の翌月の九五年十一月一日に来日したペリー国防長官と河野外相、衛藤防衛庁長官との会談で協議機関の設置が合意された。

九六年四月の中間報告に続き、同十二月二日の最終報告では沖縄の米軍基地の二一％、約五千ヘクタールを返還するとした。主な施設が十一カ所で、この中に宜野湾市の市街地中心部の住宅密集地にあり、常に大事故の危険が指摘されていた普天間飛行場が含まれた。

そして「五〜七年以内の閉鎖」を日米両政府間で合意したが、条件が付けられた。代わりの施設を新設することとされたのだ。紆余曲折を経て、その新基地は、辺野古の海を埋め立てて建設するとの方針が明らかになった。

しかし、この後、住民の強い反対で計画は迷走を続けることになる。この最終報告の直後の九七年十二月二十一日に、名護市で市民投票が実施された。結果は、海上基地建設反対が過半数を超え、住民の意思は「ノー」と明確になった。

その後の世論調査でも、ＳＡＣＯ合意そのものの見直しを求める声が六五％と多数を占めた（九八年十一月、沖縄タイムスが実施)。さらに、稲嶺知事が辺野古沿岸地域を建設地に選定したことを表明したあとの九九年十二月に、沖縄タイムスと朝日新聞が共同で行った県民と名護市民を対象にした二回の世論調査でも、辺野古への移設計画には反対が賛成を上回った。とくに、名護市民への調査では「反対」が五九%で、「賛成」二三%の倍以上を占めた。反対の理由は「新たな基地被害が出る」「自然を破壊する」などが多数だった。

また、二〇〇四年九月の沖縄タイムスと朝日新聞による世論調査では、辺野古沖への移設について、反対が八一%に達し、「ハワイやグアムなどアメリカへの移設」を望む意見が七一%を占めた。

だが、国は依然として辺野古での建設にこだわる。なぜ、これほど、住民の反対の意思が強い計画を進めようとするのか。

「米軍の執念のようなものだ」と、米軍が六五年当時から飛行場計画を描いていたことを調べたのは、那覇市の建築家真喜志好一さんらのグループだ。真喜志さんは、この本の「はじめに」で平良牧師とともに紹介した「琉球国建設親方」の名刺を今も使う人である。調査にとりかかったいきさつについて、「SACOがなぜ半年ぐらいの検討期間で辺野古の海域を候補に打ち出せたのか、疑問に思ったのがきっかけ」と語る。

そして、九九年に「SACO合意を究明する県民会議」を発足させる。活動は、真喜志さんらの共著である『沖縄はもうだまされない』(高文研刊)に詳しいが、この県民会議には市民、元大学教授、地方議会の議員らが参加し、研究会的な性格が強かった。県立公文書館の米軍文書などの発掘、分析などを通して、到達したのが「米軍の辺野古への執着」という実態だったという。

✣「長年の米軍の意図のままだ」

那覇市生まれの真喜志さんは、本土復帰前に自費留学で神戸大学へ。大学院工学研究科修士課程を卒業、同大学の工学部助手を経て、沖縄総合事務局勤務の経歴を持つ。独立して設計事務所を持ったあと、一坪反戦地主会の結成にかかわったり、沖縄環境ネットワークの活動をする。辺野古に向かう前日、那覇市内の真喜志さんの事務所で、話を聞くことができた。米軍のこの執念の計画の概略を次のように説明する。

「六五年に当時の那覇空軍基地の移設を考えた米軍は、適地候補の一つに久志《くし》湾、つまり、辺野古と久志地区のあたりを選んだ。翌年一月、海兵隊が遠浅の辺野古の海を埋めて、長さ三千メートルの滑走路を持つ飛行場をつくる計画図を描く。さらに、その年の十二月には海軍も辺野古の北に隣接する大浦湾の水深が深いことに目をつけ、海兵隊の計画にかぶせるように軍港の建設計画を付け加えた」

そして、九六年十二月の日米のSACO合意で海上基地の建設地が「沖縄本島東海岸沖」とされた後、米国防総省は辺野古の海上基地についての構想をまとめた、と真喜志さんは言い、「滑走路の方位は六六年の計画にもとづく、と九七年の国防総省の運用構想最終案に記されている」と指摘する。すべては、米の意図に日本政府が協力させられているというのである。

真喜志さんは、これらの計画が明らかになる前に、辺野古への移設方針そのものに対して、「普天間は無条件で県民に返されるべきなのに、新しい機能を持たせた基地をつくろうというのは、卑劣な米兵による少女強姦事件で、怒りを爆発させた県民をだますやり方だ。許されることではない」と怒った。地元で活動を始めた「命を守る会」の反対行動に協力したいと考え、九七年一月、反戦地主会のメンバーなどと「守る会」に出かけ、会議の様子を聞かせて欲しいと頼んだ。最初に返ってきた答えは「お断り」だった。

「どうも、過激なセクトと疑われたらしかった。おじいやおばあの会は、それだけナイーブで、純粋に平和を求める集まりだった」。信頼を得るまでに三カ月かかったという。

市民投票のころ真喜志さんはたびたび辺野古通いをすることになる。金曜の夜に行って、土、日は現地の「守る会」事務所で寝袋に入って寝る生活が続く。今も月に数回通うほか、「守る会」など反対住民らが那覇防衛施設局と交渉する場合などに精力的に支援する。

以前から、沖縄の自立論者で知られ、とくに基地をあてにすることなどなく、経済的な自立をしなければ、沖縄人の自立、ましてや精神的な独立などあり得ないという論をいろんな場で発言してきた。

「住民の意思に背く基地新設に抗するのは、道義であり、正義だ。だから、日本国家が建設を強行するなら、絶対阻止することが正義である」と語気を強くした。

✣高速道の緊張感

今回の辺野古行きで、那覇から沖縄自動車道を利用して一時間余の道のりは、同行を申し出てくださった沖縄国際大教授の石原昌家さんの車に同乗させてもらった。さらに、後続の車は、元沖縄タイムス会長の新川明さんがハンドルを握り、琉球大学教授を定年退官したばかりの比屋根照夫さんが乗っている。沖縄屈指の知識人三人は、それまでに何度となく現地を訪れていたが、もう八年余になる「たたかい」の推移を折りに触れて自らの目で注視したいとの思いを持続させていた。

高速道をしばらく走った時、石原さんが言った。「石川インターで高速道を降りましょうか」。石川インターは、辺野古に一番近い宜野座《ぎのざ》インターまで十数キロ手前である。そこからは時間が余分にかかっても、在来の国道を走って名護に向かおうか、というわけである。

その日の地元紙の朝刊は、一面で「都市型きょうにも訓練」との大見出しで、金武《きん》町にある米軍のキャンプ・ハンセンに建設された都市型戦闘訓練施設で実弾射撃が行われる可能性を伝えていた。この施設は沖縄自動車道に近接しており、とくに射撃が行われる所からはわずか二百メートルしか離れていない。石川と金武の両インターの間の地点で、森を挟んで誤射があれば弾が飛び込んでくることも想定される。

沖縄県や金武町は訓練の中止を求め、地元民の反発も極めて強いのは当然だった。しかし、米軍は実施の方針を変えず、しかも日時、内容、期間などはいっさい明らかにしていなかった。不安感が増大していた。

石原さんの心配は、決して杞憂といえない。これまで、米軍の実弾射撃訓練の誤射による被害は少なくなかったのである。私が沖縄勤務の時も、地元民の生活に大切な水源涵養林がひどく焼失させられた例などの記憶がよみがえった。結局、高速道をそのまま走り続けたのだが、訓練地点のそばを通るときは、心おだやかではいられなかったのである。

このような、基地あるゆえに住民が強いられる不安感や緊張は、沖縄ではいろんな形で「日常」であることを如実に物語っていた。

「だからこそ、学生をつれて辺野古に行く。学生に取り組みの意味を考えてほしいと思う」と石原さん。長野の弁護士院生の横田さんにとっても、石原さんが指導教授である。

✣沖縄人の内省も迫る

辺野古取材を終えて、この「たたかい」の実相がどれほど、本土の人々に伝わっているのかと考えた。支援者は東京、京都、大阪などで報告会を開いたりして、少しでも理解者を増やす取り組みをしてきている。輪は少しずつ広がっているという。だが、本土マスコミを含めて反応は極めて弱いのが実態だろう。

私は、これまでの検証で、大田さんが「苦渋の決断」という名目で日本政府の膝下《しっか》に屈して以来、沖縄の良心的な人々を中心に「チルダイ」気分が充満し、本土でも潮が引くように「沖縄の基地問題」への関心が薄れた様子を書いた。

しかし、いま「辺野古のたたかい」の持続は、間違いなく新たな「乱」につなげる「埋もれ火」のような力を秘めているように思う。この原稿を執筆している二〇〇五年七月初旬までに、国は狙っているボーリング調査が実施できていない。この状態が続く限り、人々は折りに触れ、圧倒的に本土より重い基地負担の不条理さを考えることになる。万一、本土のご都合主義が沖縄に降り注げば、「埋もれ火」は大きな闘いへの導火線となろう。まして、軍用機事故や基地建設強行で住民側に死傷者などの被害が出たときは、激しい怒りの行動を呼ぶことになると予感させられる。

平良修さんは、私との話の最後にこう語りかけてきた。

「人間の胃袋の力は強いものだ。あなたにもそうだろうし、私にとっても同じだ。それにどう抵抗するか。それが生き方で問われる」

胃袋の力というたとえは、金の力ということだろう。本当に人間の生き方にとって何が大切なのか。平良さんは、沖縄人自身へも問いかけていると感じる。そして、平良さん一家の姿が一つの答えを生み出していると思う。それは、命をも賭けた持続する「たたかい」が、沖縄人が自己の誇りをかけた叫びであるからではないか。

前章で、沖縄学者の比屋根照夫さんが伊波月城の言葉を引用し、学生に「時代と格闘せよ」との言葉を贈ったことを紹介した。その伊波月城が沖縄社会へ発した「警鐘」がある。

「沖縄人を社会的に亡《ほろぼ》すものは、人間として務めないで、寄生虫的生存、換言すれば精神上の奴隷になることを望む誤った思想である」と語った言葉だ。

比屋根さんは「まるで現代沖縄の諸状況が二重写しとなって迫ってくる気がする。価値観が揺らぐ中で、沖縄県民が基地経済への過度の依存によって自ら『精神上の奴隷』状態に陥っていないか。人間的な内省が迫られているように思う」と話す。

そして、比屋根さんは、二〇〇四年八月に起きた沖縄国際大ヘリ墜落事件の後の同年十月十四日付沖縄タイムス紙上でこう書いた。

「この事件を契機にわれわれの生き方そのものをどのような形で根本的に変えるかということが問われている。九五年のあの悲しい少女（強姦）事件から今日までの沖縄の在り方は、そのような決断を促している。県民全体が基地からの膨大な経済効果に依存しているいびつな構造。他方、基地からの身体、生命にかかわる広範な危険が無垢な少女や少数の人々にしわ寄せになっている悲しむべき現状。このような不公正、不平等によって限りなく浸食され続けている沖縄の公共空間を断ち切り、新しい人間観を創造することが、真の意味の『自立』達成への道になろう。いま求められている永続的な人間革命、精神革命の緊急性がそこにある」

さらに、ここで「辺野古のたたかい」を取り上げて、次のように評価した。
「希望がまったくないわけではない。すでに辺野古で座り込んでいる人びとの存在がそのことを明確に証明している。一時的な経済効果より、命の海を守る思想、これである。しかも、その反対運動の中に共有されている思想こそ、あのガンジーの提唱した非暴力主義の思想である。それはまた、伊江島の阿波根昌鴻《あはごんしょうこう》によって実践され、仲宗根政善によって絶対的な平和主義を希求する反戦思想にまで高められた戦後沖縄の思想的な遺産である。これらの思想の継承者こそ、いま、辺野古の海岸にみる新しい人間像の姿だ」

テント村で何時間も静かに座り、海を眺め続ける平良さんの姿に、比屋根さんの文章が重なった。まさに、新川さんが求め続ける「沖縄人の精神的独立」と相通じる姿でもあった。平良さんと新川さんの語らいが、テントの中で長く続いていた。

阿波根昌鴻　一九〇一年三月沖縄本島上本部村《もとぶ》（現・本部町）生まれ。十七歳でキリスト教徒に。二五年移民募集に応じてキューバ、ペルーへ。三四年帰国、伊江島に住む。四五年沖縄戦で一人息子を失う。米軍占領下の伊江島は六割が「銃剣とブルドーザー」で強制接収されたが、土地闘争で常に先頭に立つ。復帰後も反戦地主として闘い、八四年には自宅敷地に反戦平和資料館「ヌチドゥタカラの家」を自費で建設。訪れる人々に戦争の愚かさと平和の尊さを説き続けた。二〇〇二年三月死去。

百一歳だった（二〇〇二年三月二十二日付沖縄タイムスによると、生前、「家が貧しく、出生届は二年後だった」と話していたという。そのため「一九〇三年生まれ」と記述する本などもある）。

【追記】米軍の陸軍特殊部隊（グリーンベレー）は二〇〇五年七月十二日、キャンプ・ハンセンの都市型訓練施設で、テロやゲリラの攻撃を想定した実弾射撃訓練を開始した。

これに対して、超党派の「緊急抗議県民集会」が同十九日に金武《きん》町で開かれ、約一万人（主催者発表）が参加した。稲嶺恵一知事も出席、保革の枠を超えて県民ぐるみの抗議集会が開かれるのは、米兵による少女強姦事件に八万五千人が抗議した九五年十月の「県民総決起大会」以来となった。

この施設で実弾を射撃する建物から、約二百八十世帯・九百人が住む金武町伊芸《いげい》地区の住宅地は、わずか三百メートルしか離れていない。沖縄自動車道とは、前述のように二百メートルだ。伊芸地区はそれまでに流れ弾の事故が十五件も起き、庭先で遊んでいた幼児の足に弾が当たったり、自宅にいた十代の女性も太ももを撃ち抜かれた。新たな訓練開始を阻止するため、地区民らは一年二カ月にわたって、キャンプ・ハンセンのゲート前で早朝座り込みを続けてきていた。そんな住民の悲痛な声は無視された。

集会で、儀武《ぎぶ》剛・金武町長は「これほどにウチナーンチュがなめられていいんですか」と訴えた。まさに、参加者全員の気持ちを端的に集約した発言だった。

朝日新聞は七月二十一日付社説で、「住民は眼中にないのか」の見出しをつけて、この問題を報じた。その中で、米軍がかつてグアムで計画していた同様の訓練施設を断念したことにふれ、その理由に「近くに民間地があり、安全性に難がある」ということを挙げた。

そして、「自分のおひざ元では、危険だからと言って建設をあきらめるのに、外国では訓練も強行する。テロ対策の重要性は分からないでもないが、他国の住民の命や暮らしはどうでもいい、といわんばかりの態度である」と、手厳しく批判した。「外国」「他国」はとりもなおさず、沖縄である。儀武町長の怒りは当然であった。

社説は続けて「それにしても、日本政府の態度はあまりにふがいない」と、訓練を容認していた日本政府も切って捨てたが、日米とも沖縄を軽んじる態度に出ているのは、いくら沖縄を怒らせても、基地は安心して使用できる、と踏んでいるからではないか。

十年前の「平成の乱」のあと、九七年四月に米軍用地の期限切れ後も暫定使用を可能にする米軍用地特別措置法が改正された。内容は、ひと口で言えば、いくら地主が反対しても国は補償金さえ払っておけば、米軍のために土地を強制的に使用できることになる仕組みである。当時、沖縄では「新たな土地強奪法とも言うべきもの」との新聞論調もあったほどだ。

「私の見方」（九六年十月十六日付）でみたように、大田さんは「平成の乱」の幕引きをする大きな理由の一つに、「このまま政府と争ったら、強制収用が自衛隊用地にまで広げられるような特別立法をされるおそれがある」としたが、結局は日本政府が「米軍基地の安全・安心使用」という狙いを、実現させることになったのである。「特別立法よりタチが悪い」との声が沖縄では根強い。

「なめられた」沖縄で、状況を変えうるのは、やはり、人間としての尊厳をかけた「たたかい」であろう。そして、本土人がいかに想像力を働かせて、自分たちも声を上げるかだ。

その想像力とは、家族と住む自宅から、三百メートルしか離れていない基地で、射程千メートル以上もある自動小銃が撃たれ、被弾事故があり得る、その「恐怖」への思いである。さらには、沖縄での「現実」の意味についてである。

第XII章 沖縄は問い、問われつづける

✣生きるため「改姓」

この本の執筆に際し、「新人国記」の私の原稿をしばしば引用してきた。今読み返しても、取り上げさせていただいた方々の多くの人生を覆う沖縄戦の影の大きさ、重さに暗澹たる気持ちになることが少なくない。

沖縄を訪れ、那覇空港から本島南部に行くとき、かつて地元の人から、「この道路は元々、戦争中に進軍するためにアメリカさんが日本兵や沖縄人の死体を取り除くこともせずに、ブルドーザーで押しつぶしてつくったんだよ」と聞かされたことを、思い起こすことがしばしばだ。真偽は確かめようもないが、戦後六十年になっても、沖縄戦の死者数などの実相が明らかにされない現実を前にすると、

否定する言葉もまた、出てこない。確かに、この世の地獄が沖縄で起きた。

本土と沖縄の「心の距離」は、いつになったら縮まるのだろうか。私は、本書の筆を置く前に、「新人国記～沖縄県編」のために本土で取材したもっとも記憶に残る人のことを知っていただきたいと思う。この連載の十九回目に掲載した「痛み背に熱い思い」の題で紹介した当時の大阪の沖縄県人会連合会長をされていた日吉松仁さんである。

沖縄には県人三分散論がある。沖縄と本土と外国に三分の一ずつ分かれて住み、協力し合って沖縄を支えようとの考えだ。職を求めてやむなくふるさとを出る人、青雲の志を抱いた若者が、数多くいた。ことし三月現在で、海外では沖縄県系の日系人が二十一万余人もいる。全日系人の一二％を占め、ペルー、アルゼンチン、ボリビアでは六〇％以上と、指折りの移民県だ。そして本土主要都市へも。だが、平坦な道ではなかった。

全国一多い約十四万人の沖縄出身者がいると推定される大阪。沖縄県人会連合会長の会社経営日吉松仁（六十九歳）は本部町出身。本来の姓は「比嘉」だ。「ひよし」とも読めるため、戦争直後に裁判所の許可を得て改姓した。

地道な助産婦活動で厚相、府知事表彰も受けた姉の藤丸洋子（七十五歳）を頼って昭和十一年に上阪。小さな鉄工所を自営するまでこぎつけたが、「営業で名刺を出したら、『何と読むのか。沖縄人か』と、からかい半分の反応が多くて」。上阪した時、大手の鉄鋼、造船会社の工員採用試験を何回受けても、最後の面接でなぜかはねられた苦い思い出が頭をよぎった。

「格別の腕もなく、ひたすら汗を流して、肩を寄せ合って生きているというのが、戦前の多くの県人の姿だった。改姓者は少なくないが、生きる道の一つだったと思う」。淡々と語る言葉の持つ意味が重い。

二十八年ごろから復帰運動に全力をあげ、「沖縄日本復帰期成会」のノボリを会社敷地に林立させた。兄の病気で帰郷した時など、米軍情報機関にマークされたりもした。「政治色を超えた熱い民族の願いだった」と振り返る。（敬称略）

たしかに、淡々としていた。しかも笑みが絶えなかった。それが、逆に言葉に重みを与えた。「私のことは書いていただいてもいいが、他の改姓した人をあなたにご紹介するのは、どうも」と、私の頼みだけは、やや厳しい口調で拒んだ。「なにわは太閤さん。日吉丸と呼ばれていたんだ。そうだ……、日吉さんか」、脈絡もなにもなく、お話にも何もならないことを考えながら、話題を移したのだった。

✣米国との歴史の因縁

米国との関係といえば、私は本文で紹介した記事以外にもコラムでいくつか触れた。その一つに、西部本社版夕刊コラム「偏西風」で、「くり返す歴史」としてペリー国防長官の因縁話を取り上げた。少女強姦事件から二カ月余りあとで、沖縄中が燃え上がっているかのような時の九五年十一月二十七日付である。

那覇市には戦後の米軍統治時代に「ペリー区」という町名があった。今は元に復した「山下町」のことだが、「フィリピンで米軍と戦った故山下奉文陸軍大将を連想させては、と住民が気を遣い、改称した」（那覇市広報課）という。

米側は、一八五三年、日米関係の幕開けとして、アメリカ東インド艦隊を率いてやってきたペリー提督にちなんだものとして歓迎したようだ。

ペリー提督は、浦賀などに来航したとして知られているが、当時の琉球国にも五回訪れた。船の燃料になる石炭がないかを最大関心事に沖縄本島の各地を踏査したうえ、渋る王朝を押し切って修好条約を結んだ。

大田昌秀沖縄県知事は、琉球大学教授を退官直後に著した『沖縄の挑戦』の中で「米が極東地域での軍事的利益を拡大したいとの動機で、沖縄の基地化を構想したのは、このときにさかのぼる」と指摘している。

ペリー提督は「米が琉球を占領して、いま支配している薩摩の圧政から住民を解放することは、道徳的にも正当」と本国に進言した。

結局、占領は認められなかったが、沖縄戦の後の軍政や基地の巨大化、固定化政策に、「歴史の繰り返しを見る」と大田知事。

ペリー艦隊の水兵も那覇で婦女暴行事件を起こし、両国に緊張を生んだ。今度は海兵隊員の暴行事件から日米安保関係に影響する事態になった。収拾にあたるペリー国防長官は提督の子孫という。まさに、歴史の因縁を見る思いである。

今も昔も、兵隊が女性を襲う事件が絶えないことが分かる。まさに組織の構造的な暴力的体質の一端を如実に示しているといえよう。

このコラムで書きたかったのは、ペリー提督が五回も琉球国に来て、薩摩の圧政に苦しむ民を救いたい、として「琉球占領」を本国に打診したという事実である。キリスト教的な「恵まれない人々」を救うという役割の主張ともいえようが、学者としての大田さんは「沖縄の米国基地化」の意図を強調していた。

＊

その大田さんだけでなく、保守の故西銘順治知事も、現職の稲嶺恵一知事も基地の縮小・整理を求めて、「アメリカ詣で」をしている。だが、訪米を歓迎する姿勢を見せても、アメリカのガードは堅く、思ったような前進が得られずに帰ってくることが続いている。

大田さんが、アメリカで味わった屈辱をもらしたことがあった。沖縄タイムス刊の『50年目の激動』は、こう描いている。

「米国務省で日本担当者や国防省スタッフへの要請を終え、部屋を出ようとしたとき、背中の向こうに『うまくはぐらかしたな』と日本担当者の肩を叩く国防省スタッフがいた。知事は『その言葉がいまも頭にこびり付き悔しさを思い起こす』という」

稲嶺知事は二〇〇五年三月に訪米したが、ここでも色よい返事はなかった。この訪米にあたって、沖縄県は独自の案を作った。柱は四点で、①海兵隊の県外移転、②嘉手納基地の運用改善、③キャンプ・ハンセンの都市型訓練施設の建設中止、④日米地位協定の抜本見直し、であった。米国防総省の高官は、「知事の言うことは分かる」としたものの、「沖縄の要望を尊重して解決に努力する」と言っただけで、基地負担の軽減は最後まで聞かれなかったと、朝日新聞特派員は伝えている（三月十七日付朝刊）。

さらに、朝日新聞の記事によると、稲嶺知事の要請行動は次のようだった。

「知事は国防総省だけでなくホワイトハウスや国務省など、行く先々で『今の県政は日米安保体制を認めている。だから沖縄の意向を十分に取り上げていただくことが安保体制の堅持につながる』

と語り、革新県政との違いを強調した。しかし、一地方自治体の首長という立場の限界はこれまでの知事と同様、乗り越えることはできず、結局、目に見える成果は上げられなかった」

そして、稲嶺知事の慨嘆を伝えた。

「一連の会談を終えた十五日午後、知事はワシントン市内で行った講演で目を潤ませた。『沖縄県知事は、革新も保守中道も、同じ苦悩を抱え続ける』」

さらに、朝日新聞は二〇〇五年四月一日付の「ニュースサイト」でも、稲嶺訪米のまとめ記事を掲載したが、その大見出しは「米マスコミ関心薄く」であった。記事は伝える。

「稲嶺知事がワシントンで開いた記者会見には、事前に日本大使館を通じて現地マスコミに案内を出したものの、米軍準機関紙、星条旗新聞以外、現地マスコミの姿はなかった」

この冷淡さこそ、米国の、いや米国人の「沖縄基地問題」への回答だった。

なにも変わらない復帰後三十三年、戦後六十年の現実。日本政府もまた、まともにこの「苦悩」解消に本気で取り組んではこなかったのである。

米軍キャンプ・ハンセンの都市型訓練施設での実弾射撃訓練実施に抗議する県民集会が行われた四

日後の二〇〇五年七月二十三日、朝日新聞西部本社版の朝刊に掲載された小さな記事に目が引きつけられた。

「沖縄知事上京し訓練中止要請へ」とのベタ（一段）見出しで、稲嶺さんが抗議集会に参加したことに改めてふれて、次のように書いたのである。

「抗議の集会ではデモの先頭に立ち、拳を突き上げた。『日米安保体制支持』を明言する知事にはこれまでなかった姿だけに、周囲から驚きの声が上がっている。（略）知事は『訓練を中止せよ』と参加者と一緒に何度も拳を突き上げた。知事が基地問題の抗議集会に参加したのは初めて。政府は訓練容認の姿勢を崩していない。知事がどんな強い姿勢で面会し、進展を得られるのか。県民の注目が集まっている」

やや異例の記事と思った。雑報記事のスタイルだが、「周囲から驚きの声が上がっている」「進展を得られるのか」などの表現は、むしろ評論や解説記事の書き方といえたのだ。ともあれ、稲嶺さんの憤懣やるかたない気持ちが伝わってくる。「アメリカ詣で」が何も生まない現実。住民が危険にさらされるおそれがあっても、「基地の自由使用」を前面に出してくる日米政府。県政の最高責任者として無力さばかりを感じさせられることへの怒りでもあったのであろう。

稲嶺知事は七月二十五日、大野防衛庁長官を訪ね、県議会の与野党が一致して反対している点を強調して訓練中止を要請したが、予想通り、「訓練中止の要請はできない」との回答。そのあと、応対した細田官房長官も、訓練方法の再検討などを関係省庁と調整を進める意向を示しただけだった。

✣「新川さん回帰現象」

二〇〇五年三月二十六日、沖縄県西原町の町立図書館で、「『新川明文庫』設置記念シンポジウム」が多数の出席者を集めて開かれた。前述してきた元沖縄タイムス会長の新川さんの地元である。詩人としての活動と、長い記者生活の間に、社会思想、民俗学、政治事情などを中心に蔵書は膨大な数に上った。昨年夏、その大部分の約八千冊を寄贈し、目下、図書館側が蔵書整理の真っ最中である。「ここで大学院の修士論文は書ける」と大学教官が話すほど、『琉大文学』など貴重な本が多くあり、館内閲覧だけに限定されるほどだ。

私も久しぶりに沖縄を訪ね、「新川明の思想を考える」をメーンテーマにした五時間に及ぶシンポに参加した。

パネリストは芥川賞作家の目取真《めどるま》俊さん、琉球大学助教授（近代日本文学）の新城郁夫さん、雑誌『ＥＤＧＥ』編集長の仲里効さんで、沖縄大学助教授（沖縄近代思想史）の屋嘉比《やかび》収さんが司会をして、熱心な「新川明論」が繰り広げられた。また、詩人の高良勉さんと新川さんの対談も行われた。

とても、詳細を記す紙幅はないが、強く印象に残ったのは、多くの人が「生きざまに新川さんから強い影響を受けた」と語ったことである。新川さんは自分で述べているように、沖縄では「少数者」であり、「異端者」でもあった。だが、その生き方には、あくまで沖縄のアイデンティティー（自分が自分であることの認識）を問い、安易なヤマト化を拒否し、精神的な自立を沖縄人に求め続けたことが特記されよう。それは、必然的に日本という国の冷酷さ、身勝手さをあぶり出してきた。

シンポでは、いま、その新川さんに「回帰する」動きが強まっているとの発言がくり返された。三十三年前の「本土復帰拒否」のときは少数者、十年前の「平成の乱」の際、沖縄自身がなにをするかを考えよ、と求めた際も少数者だった。

それから十年。沖縄の言葉を借りれば、目の前の現実の姿に、沖縄人は「ワジワジ」している。どうしようもなく、イライラし、憤激しているのだ。その象徴的な動きが、「新川さん回帰現象」を、知識人の間に呼んでいることなのかも知れない。

＊

「ところで、新川さんにとって、沖縄の心とは何ですか」

今回、ホテルのレストランでコーヒーを飲みながら、そうたずねた。二十年に及ぶ付き合いで初めてだった。

「比嘉春潮さんの言葉に、沖縄人は『愚直』というのがある」と、新川さんは答えを切り出した。そして、「私も百％同意する。自分自身も愚直でありたいからだ。その『愚直』を沖縄の心と呼んでも良い。目先の物質的な欲望ばかり追って生きている風潮の中、愚直な生き方ができる社会が望ましい。夢物語であっても、ね」と笑顔を見せた。大江健三郎さんが、新川さんの強さを評した「持続の力」をふと、思い出した。

✣無知を覚醒させるもの

新川さんが沖縄自身の努力を常に追求する姿から、新たな記憶が浮かんでくる。朝日新聞論説委員時代の一つの思い出である。

戦後五十年企画の社説シリーズを話し合っていた東京本社での論説会議の最中、論説委員の一人が「安保はまさに遠くなり、という感じだな」と発言した。それを機にひとしきり、六〇年安保闘争の時の話になった。年齢的にその当時、東京での学生生活を送った論説委員が多かったのである。沖縄の少女強姦事件が起きる前だ。たしかに本土では、「安保」がマスコミに登場することが少なかった。

しかし、私は思わず語気を強めた。

「いや、沖縄では安保は日常だ。町の角、家の軒下まで安保は来ている」

私の頭の中には、武装した米兵が「施設間の移動」という名目で、町中を行軍する姿があった。県道越えに砲弾発射訓練をくり返す轟音があった。絶えぬ米兵の事件があった。

私は朝日新聞の論説会議の自由な討論が好きだった。重要なテーマの際は、東京在住の論説委員以外に、大阪、西部、名古屋の各本社在勤の論説委員が、東京本社に集まって討議した。長い記者生活でも、あれほど個人の考えを尊重し、平等な場を経験したことは少ない。だからこそ、先輩、後輩に関係なく意見を活発に述べあえた。知的な興奮を感じさせてくれるところでもあった。

むろん、「安保は遠くなり」と感慨を述べる記者に悪気があったわけではないだろう。

だが、沖縄を知る者は絶対にそのような発言はしない、と断言できる。だから、ふと、「無知は無力なり」との言葉が浮かんだのである。

と、すれば、「沖縄自身のありよう」こそが、ヤマトの無知を覚醒させる力となりうるのではないか、そんな思いにもとらわれている。

❖本書関連略年表

年	沖縄（日本）のできごと	本書に引用した著者執筆のおもな朝日新聞記事
1982	・本土復帰10周年（5・15） （長崎大水害、死者・不明299人＝7・23、中曽根内閣発足＝11・27）	◇全国版「新沖縄報告—復帰から10年」連載（5・4付から全30回）。ヤマトに対する沖縄人の複雑な心のヒダに直面した山田洋次監督や作家大江健三郎さんらを取材し、思いを紹介した。
1983	・米軍演習激化で被害相次ぐ （訪米の中曽根首相が「日本列島を不沈空母に」「日米は運命共同体だ」と発言＝1・17、ロッキード事件で田中元首相に有罪判決＝10・12）	◇沖縄のページ「沖縄を語る」で比屋根照夫琉球大教授と「沖縄学」について対談連載（全6回）。「沖縄学の父」とされる伊波普猷の思想についてや、戦後体験と沖縄の苦悩を背負った若手学者の台頭など、「沖縄学」研究のさまざまな様相について聞く。「沖縄学」理解への入門書的な内容ともなった。5回分を所載。
1985	・米軍用地の10年強制使用へ。 ・米兵の凶悪事件続発。 （米軍F16戦闘機の青森県三沢基地配備＝4・2、日航機が群馬県御巣鷹山に墜落、坂本九さんら520人死亡＝8・12）	◇全国版「新人国記'85」沖縄県編連載（6・17付から全25回）。沖縄戦が沖縄人の戦後の生き方、思想に大きな影響を与えたとの共通テーマをもとに、政治、経済、文化など各分野で活躍する人物像を描く。「沖縄の心」とは「ヤマトンチューになりたくて、なり切れぬ心」と歴史的な答えをした西銘順治知事、ひめゆり学徒隊の生存者3人と引率教師をした元琉球大副学長の仲宗根政善さん、「復帰知事」として知られた屋良朝苗さん、沖縄の文化復興にかけた沖縄タイムス最高顧問の豊平良顕さん、鉄血勤皇隊の生存者で元琉球大教授から知事を務めた大田昌秀さん、沖縄キリスト

年	出来事	記事
		教短大学長を経験し高等弁務官就任式で、「最後の高等弁務官に」と発言した牧師の平良修さん、自治労副委員長をして沖縄の特別自治権構想の提唱者である仲吉良新さん、沖縄大学学長で一坪反戦地主会の代表世話人をする新崎盛暉さん、大阪の沖縄県人会連合会長で改姓をした日吉松仁さんらが、この本に登場する。
1994	・自・社・さの連立による村山富市首相の実現（6・29）。 ・村山首相が衆院代表質問に答えて「日米安保は必要」（7・20）	◇大型社説「沖縄が問う『本土』の責任」掲載（10・30付）。詩人で元沖縄タイムス会長の新川明さんの戦後の生きざまを中心に、沖縄と日本を「相対視」するに至る新川さんの思想形成を描く。大江健三郎さんとの交流のエピソードも織り込む。 ◇西部本社版夕刊コラム「偏西風」で「からし明太子」掲載（11・19付）。大江健三郎さんへのインタビュー余話で、子息・光さんにも触れる。
1995	・米兵による女子小学生強姦事件（9・4） ・大田知事が県議会で米軍用地強制使用の法的手続きの代理署名拒否の方針を表明（9・28） ・少女強姦事件に抗議する県民総決起大会に主催者発表で8万5千人が参加（10・21）	◇全国版夕刊コラム「〈窓〉論説委員室から」で「基地と爆音」掲載（1・10付）。米軍機が「悪ふざけ」飛行をする実態を書き、日本政府の毅然とした対応を求めた。 ◇夕刊コラム「窓」で「仲宗根さん追想」掲載（2・18付）。ひめゆり学徒隊の引率教師として知られ、沖縄の平和運動の原点とされる「沖縄戦体験」の象徴とも言える人が死去。多くの教え子をなくし、「教師としての重い負い目は消えぬ」と語った姿を描く。 ◇夕刊コラム「窓」で「沖縄の重荷」掲載（3・18付）。沖

・大田知事と村山首相が官邸で会談（11・4）
・村山首相が大田知事を相手取り、代理署名訴訟を福岡高裁那覇支部に起こす（12・7）

縄の基地負担が少しも軽減されない実状を書く。
◇大型社説「住民の犠牲を忘れまい」掲載（6・23付）。沖縄戦の際の「鉄血勤皇隊」や「ひめゆり学徒隊」の姿を生存者の話から浮かび上がらせ、死者の数さえ確定しない沖縄戦の実相を描いた。
◇夕刊コラム「窓」で「沖縄米兵の犯罪」掲載（9・18付）。少女強姦事件を全国レベルで報道するきっかけ。日米地位協定の問題点を書く。
◇社説「沖縄の怒りを受け止めよう」掲載（9・20付）。少女強姦事件への対応に鈍い日本政府に警鐘を鳴らす。地位協定の不平等さを突く。
◇社説「怒る沖縄が突きつけたもの」掲載（9・30付）。大田知事の日本政府への異議申し立てとなった代理署名拒否表明の重みについて書く。
◇全国版朝刊「ひと」でキャロリン・フランシスさんを取り上げる（10・12付、当時の那覇支局員川端俊一記者の執筆）。沖縄在住の宣教師が、立ち上がった沖縄女性への支援活動を続ける。
◇全国版「私の見方」で「沖縄は『権利宣言』をした」掲載（10・17付）。大田知事の代理署名拒否の意義を「権利宣言」ととらえた。沖縄県民の高揚ぶりも描く。

1996

・村山首相が退陣表明（1・5）
・大田知事と橋本首相が首相官邸で初会談（1・23）
・沖縄県が2015年までの基地全面返還の段取りを描くアクションプログラムを日本政府に示す（1・30）
・少女強姦事件で那覇地裁が米兵3人に懲役6年6月～7年の実刑判決（3・7）
・福岡高裁那覇支部が知事に代理署名を命じる判決（3・25）

◇全国版「主張・解説」で大型解説記事を掲載（11・22付）。村山首相が知事相手に起こす職務執行命令訴訟に対する沖縄県の対応は、歴史的な沖縄差別への異議申し立てになり、憲法論争を挑むとした。併せて、沖縄学の学者が全面協力する異例の取り組みになることも詳細に記述した。

◇西部本社版夕刊コラム「偏西風」で「くり返す歴史」掲載（11・27付）。少女強姦事件で苦境に立つ日米両国。事態収拾に来日のペリー国防長官は幕末に琉球に5回も来航したペリー提督の子孫。この時、提督は琉球占領を本国に打診した。この際も水兵が沖縄女性に乱暴し、両国の緊張を招いた歴史に触れた。

◇西部本社版夕刊コラム「偏西風」で「ある墨絵画家」掲載（3・4付）。難病にめげず、沖縄の自然を中心に「光と影」の世界を繊細に描く女流画家は、「市民・大学人の会」に参加し、沖縄人の精神的自立も求める。

◇「偏西風」で「目に見える」掲載（4・11付）。目の不自由な針きゅうマッサージ師が、仕事を長期に休んでまで「市民・大学人の会」に積極的に参加する姿を描いた。「沖縄は歴史的に大事なときだから勉強させてもらっている」の言葉に、知事を支える学者らも感動した。

◇全国版朝刊コラム「ひと」で新川明さん紹介（9・26付）。詩人・思想家で元沖縄タイムス会長。現代沖縄を代表する知識人の一人だが、本土復帰の際は国政参加選挙拒否の論

・普天間飛行場の「5年ないし7年以内」の全面返還に日米が合意と発表（4・12）
・県民投票条例が県議会で可決、成立（6・21）
・大田知事が最高裁で代理署名訴訟について陳述（7・10）
・最高裁が知事の上告を棄却。沖縄県の敗訴が確定（8・28）
・沖縄県民投票告示（8・29）
・県民投票。投票率59・53％、賛成率は89・09％で、県内の米軍基地の整理・縮小と日米地位協定の見直しに全有権者の過半数が賛成（9・8）
・大田知事と橋本首相が会談（9・10）
・大田知事が公告・縦覧代行の応諾を表明へ（9・13）

陣を張った。「異端者」を自認するが、琉大の非常勤講師として教壇に立ち、若者に考えを述べる。
◇全国版「私の見方」で「くじけぬ沖縄の『少数者』」掲載（10・16付）。代理署名拒否以来、「沖縄の心」を前面に政府と争い、「平成の乱」とも言われた沖縄県の異議申し立ては、大田知事の公告・縦覧の代行応諾表明でその幕を下ろした。県民投票であくまで「基地ノー」を明らかにした県民の意志は尊重されなかった。知事を支援してきた人々の落胆ぶりを描くと共に、なお平和な沖縄実現に取り組む動きを紹介した。

1997		◇全国版朝刊コラム「ひと」で石原恭枝さん紹介（2・5付）。夫の沖縄国際大教授の石原昌家さんと共に、大田知事の裁判闘争を支える「市民・大学人の会」に参加。事務局役を続け、活動の大きな柱となる。石原教授は沖縄戦の生存者からの聞き取り調査などを通して戦争の実態解明を進める研究者として著名で、恭枝さんはこの調査にもテープ起こしなどで協力をしてきた。
2000		◇西部本社版夕刊コラム「偏西風」で「沖縄の行動記録」掲載（2・2付）。学者と市民が手を結び、全国からの支援者も得て活動してきた「市民・大学人の会」のニュースレターや各種の集会での発言などを収録した貴重な資料集である。
2005	・稲嶺恵一知事が訪米（3月）。地位協定の抜本見直しなどを米政府に訴えるも成果なし。	

☒主な参考文献・資料一覧

「反国家の兇区」新川明著・現代評論社　一九七一年
「反国家の兇区――沖縄・自立への視点」新川明著・社会評論社　一九九六年
「琉球処分以後　上下」新川明著・朝日新聞社　一九八一年
「新南島風土記」新川明著・朝日新聞社　一九八七年
「沖縄・統合と反逆」新川明著・筑摩書房　二〇〇〇年
「ウォルフレンを読む」関曠野編・窓社　一九九六年
「ヤポネシア考」著者代表島尾敏雄・葦書房　一九九一年新装版
「詩画集　日本が見える」新川明、儀間比呂志著・築地書館　一九八三年
「太田朝敷選集　上中下」比屋根照夫、伊佐眞一編・第一書房　一九九三、九五、九六年
「近代日本と伊波普猷」比屋根照夫著・三一書房　一九八一年
「自由民権思想と沖縄」比屋根照夫著・研文出版　一九八二年
「近代沖縄の精神史」比屋根照夫著・社会評論社　一九九六年
「アジアへの架橋」比屋根照夫著・沖縄タイムス社　一九九四年
「戦後沖縄の思想像」鹿野政直著・朝日新聞社　一九八七年
「新版　沖縄の民衆意識」大田昌秀著・新泉社　一九九五年
「沖縄の挑戦」大田昌秀著・恒文社　一九九〇年
「鉄血勤皇隊」大田昌秀著・ひるぎ社　一九七七年
「沖縄の帝王　高等弁務官」大田昌秀著・久米書房　一九八四年

主な参考文献・資料一覧

「見える昭和と『見えない昭和』」大田昌秀著・那覇出版社　一九九四年
「沖縄を考える」大田昌秀先生退官記念事業会発行　一九九〇年
「沖縄のこころ」大田昌秀著・岩波書店　一九七二年
「沖縄　平和の礎」大田昌秀著・岩波書店　一九九六年
「沖縄経験　大江健三郎同時代論集4」大江健三郎著・岩波書店　一九八一年
「沖縄ノート」大江健三郎著・岩波書店　一九七〇年
「争点・沖縄戦の記憶」石原昌家、大城将保、保坂廣志、松永勝利著・社会評論社　二〇〇二年
「証言・沖縄戦　戦場の光景」石原昌家著・青木書店　一九八四年
「ペリーの対日交渉記」藤田忠編著・日本能率協会マネジメントセンター　一九九四年
「戦後沖縄の社会史」石原昌家著・ひるぎ社　一九九五年
「もうひとつの沖縄戦」石原ゼミ・戦争体験記録研究会著・ひるぎ社　一九八三年
「虐殺の島　皇軍と臣民の末路」石原昌家著・晩聲社　一九七八年
「50年目の激動」沖縄タイムス社編　一九九六年
「重版　沖縄戦記　鉄の暴風」沖縄タイムス社編　一九九三年
「沖縄・根からの問い」川満信一著・泰流社　一九七八年
「沖縄・自立と共生の思想」川満信一著・海風社　一九八七年
「殉国」吉村昭著・文藝春秋　一九九一年
「ひめゆりの塔をめぐる人々の手記」仲宗根政善著・角川書店　一九八二年
「ひめゆりの塔」石野径一郎著・講談社　一九七七年
「沖縄と私」西銘順治著・月刊沖縄社　一九六一年
「西銘順治研究」佐久田繁編著・月刊沖縄社　一九八六年

「沖縄大百科事典」沖縄タイムス社　一九八三年
「新版　沖縄・反戦地主」新崎盛暉著・高文研　一九九五年
「素顔の反戦地主」千田夏光、池原秀明、相原宏著・ふきのとう書房　一九九六年
「安保『再定義』と沖縄」剣持一巳編・緑風出版　一九九七年
「沖縄返還とは何だったのか」我部政明著・日本放送出版協会　二〇〇〇年
「激論・沖縄『独立』の可能性」激論会実行委員会編・紫翠会出版　一九九七年
「沖縄報告　復帰後一九八二―一九九六年」朝日新聞社　一九九六年
「新人国記10　山口県・兵庫県・沖縄県・東京都」朝日新聞社　一九八六年
「沖縄同時代史第一～第六巻」新崎盛暉著・凱風社　一九九二年～九六年
「沖縄現代史」新崎盛暉著・岩波書店　一九九六年
「沖縄戦後史」中野好夫、新崎盛暉著・岩波書店　一九七六年
「沖縄・脱和の時代」三木健著・ニライ社　一九九二年
「裁かれた沖縄戦」安仁屋政昭編・晩聲社　一九八九年
「沖縄戦を考える」嶋津与志著・ひるぎ社　一九八三年
「命こそ宝　沖縄反戦の心」阿波根昌鴻著・岩波書店　一九九二年
「沖縄と70年代　その思想的分析と展望」沖縄タイムス社　一九七〇年
「石に刻む」仲宗根政善著・沖縄タイムス社　一九八三年
「沖縄はもうだまされない」真喜志好一、高里鈴代ら八人著・高文研　二〇〇〇年
「沖縄から『日本の主権』を問う」沖縄問題編集委員会・リム出版新社　一九九五年
「執着と苦渋　沖縄レリクトの発想」いれいたかし著・沖縄タイムス社　一九九四年
「沖縄　近い昔の旅　非武の島の記憶」森口豁著・凱風社　一九九五年

「ヤマト嫌い　沖縄言論人・池宮城秀意の反骨」森口豁著・講談社　一九九五年
「沖縄・世がわりの思想　人と学問の系譜」真栄田義見著・沖縄タイムス社　一九七二年
「沖縄史を考える」新里恵二著・頸草書房　一九七〇年
「新・沖縄史論」安良城盛昭著・沖縄タイムス社　一九八〇年
「一粒の麦　米軍施政下の四半世紀」安里積千代著・民社党沖縄県連合会　一九八三年
「安保条約と地位協定」那覇出版社編集部編・那覇出版社　一九九五年
「情報公開法でとらえた在日米軍」梅林宏道著・高文研　一九九二年
「情報公開でとらえた沖縄の米軍」梅林宏道著・高文研　一九九四年
「ヤマトンチュの大罪」小川和久著・小学館　一九九六年
「ウチナーンチュは何処へ　沖縄大論争」大田昌秀ら十六人著・実践社　二〇〇〇年
「沖縄　苦難の現代史」沖縄県編・岩波書店　一九九六年
「群像　日本の作家23　大江健三郎」マサオ・ミヨシ他・小学館　一九九二年
「同時代ライブラリー1　M／Tと森のフシギの物語」大江健三郎・岩波書店　一九九〇年
「沖縄県知事の代理署名拒否裁判」沖縄から平和を創る市民・大学人の会刊　一九九九年
「市民・大学人の会ニュースレター合本」沖縄から平和を創る市民・大学人の会刊　一九九八年
「山之口貘詩文集」山之口貘著・講談社　一九九九年
「現代詩文庫　山之口貘詩集」山之口貘著・思潮社　一九八八年
「山之口貘」山之口貘詩碑建立期成会編　一九七五年
「沖縄おもしろ方言事典」南風社　一九八九年
「沖縄の女たち　女性の人権と基地・軍隊」高里鈴代著・明石書店　一九九六年
「日本の歴史25　日本はどこへ行くのか」比屋根照夫など共著・講談社　二〇〇三年

あとがき

「激動する沖縄に関わった記者として、記録をまとめて残すのはあんたの義務ではないか」。親しい沖縄の学者にそういわれて来た。朝日新聞の後輩からも「そうですよ」とシリをたたかれてきた。私も、こつこつ残してきた取材ノートなどを見るたびに、自分史としてでも書き残しておきたいと思った。

三年前の二〇〇二年三月に朝日新聞を編集委員として定年退職した時、執筆にかかろうと資料を選別し始めたが、間もなく腰に激痛が襲い、机に向かうことすらかなわなくなった。七月に前立腺がんと告知された。しかも、腰椎へ転移し、四段階ある進行度の最悪の段階である。治療を続け、やっと昨年の中頃から痛みが常時襲うということはなくなった。

私は十年余り前に脳梗塞、その三年後に心筋梗塞をやっていた。それでも、長く記者活動を続けてきた。前立腺がんになって、とうとう、「日本人の三大死因」を全部経験したことになる。

沖縄問題とともに、関心は医療・福祉の問題にもあった。人としての尊厳、人権をどう守るのかが根源的な問題意識だった。「沖縄と共通しているじゃないか」。人に聞かれるたびに、そう答えてきた。

長い間の思いを、このように形に出来たのは、私の大病のたびに自身も寿命を縮めたであろう家内の支えと、沖縄の人たちをはじめとする多くの友人のおかげであると、心から感謝している。また、上梓に際し、高文研代表の梅田正己さんから貴重な助言をいただいたことを特に記しておきたい。

沖縄の「平成の乱」から十年、二〇〇五年の夏に

仲宗根政善さんの「人間って奇跡的に生きている」の言葉を実感している

稲垣　忠

稲垣　忠（いながき・ただし）

1942年、兵庫県生まれ。京都大法学部卒。65年、朝日新聞社入社。西部、大阪両本社の社会部記者を経て、大阪・豊中支局長、沖縄・那覇支局長、長崎支局長、東京本社社会部次長を歴任。その後、論説委員（西部本社在勤）、編集委員。2002年に定年退職。

西部本社社会部記者や通信部次長の時は、大型連載『新沖縄報告～復帰から十年』取材班総括のほか、長編シリーズ『新人国記'85～沖縄県編』の執筆などを担当。論説委員兼編集委員時代は、米兵による少女強姦事件を契機として、米軍用地提供を巡る沖縄県と日本政府の法廷闘争などの「平成の乱」とも称された戦後最大の激動期に、沖縄問題についての社説、コラムを執筆した。

また、編集委員時代の後半は、医療・福祉問題を担当。長期連載『秒読み介護保険』取材班キャップなど、介護問題に取り組んだ。

これまでに、朝日カルチャーセンター（北九州）文章講座講師、福岡県医師会倫理委員会委員、北九州市保健・福祉政策アドバイザーなど。現在、北九州市社会福祉法人等審査会委員長、北九州市介護保険苦情調整委員会委員、社団法人日本臓器移植ネットワーク九州地区評価委員なども務める。

「沖縄のこころ」への旅

●二〇〇五年 九月 一〇日――第一刷発行

著　者／稲垣　忠

発行所／株式会社 高文研
東京都千代田区猿楽町二－一－八
三恵ビル（〒一〇一＝〇〇六四）
電話　03＝3295＝3415
振替　00160＝6＝18956
http://www.koubunken.co.jp

組版／WebD（ウェブ・ディー）

印刷・製本／精文堂印刷株式会社

★万一、乱丁・落丁があったときは、送料当方負担でお取りかえいたします。

ISBN4-87498-350-2　C0036

◈アジアの歴史と現状を考える◈

341-3
■日本・中国・韓国＝共同編集
未来をひらく歴史
●東アジア3国の近現代史
日中韓3国共通歴史教材委員会編著　1、600円
3国の研究者・教師らが3年の共同作業を経て作り上げた史上初の先駆的歴史書。

284-0
これだけは知っておきたい
日本と韓国・朝鮮の歴史
中塚　明著　1、300円
誤解と偏見の歴史観の克服をめざし、日朝関係史の第一人者が古代から現代まで基本事項を選んで書き下した新しい通史。

247-6
中国をどう見るか
◆21世紀の日中関係と米中関係を考える
浅井基文著　1、600円
外務省・中国課長も務めた著者が、日中・米中関係のこれまでを振り返り、日本の取るべき道を渾身の力を込めて説く！

307-3
日本軍毒ガス作戦の村
●中国河北省・北坦村で起こったこと
石切山英彰著　2、500円
日中戦争下、日本軍の毒ガス作戦により、千人の犠牲者を出した「北坦事件」。15年の歳月をかけてその真相に迫った労作！

308-1
中国人強制連行の生き証人たち
鈴木賢士／写真と文　1、800円
戦時下、中国から日本に連行された中国人は四万人。うち七千人が死んだ。その苛烈な実態を生き証人の姿と声が伝える。

196-8
日本統治下台湾の「皇民化」教育
林　景明著　1、800円
日清戦争以後、日本の植民地下で人々はどう生きてきたか。個人の体験を通じ、日本統治下の「皇民化」教育の実態を伝える。

270-0
我愛成都（わがあいせいと）
●中国四川省で日本語を教える
芦澤礼子著　1、700円
麻婆豆腐の故郷・成都で日本語を教えてから6年。素顔のつきあいだから見えた、中国と教え子たちの現在・過去・未来。

★ 152-6
アジアから日本を見つめて
黄彬華著／田村宏嗣・玲子編訳　1、500円
シンガポール『聯合早報』論説委員の知日派ジャーナリストが、日本人の歴史認識や対アジア観を真正面から問いかける。

215-8
シンガポールの風刺漫画家が描く
アジア各国事情
ヘン・キムソン画　田村宏嗣解説　1、500円
痛快無比！98年・国連漫画コンテストで優勝した鬼才の絵に朝日新聞ベテラン記者が解説をつけた異色のアジア入門。

279-4
「在日」民族教育の夜明け
李　殷直著　4、700円
一九四五年秋、日本の敗戦による解放後、校舎も教科書もない中で出発した民族教育草創期のドラマを描いた初めての記録。

316-2
「在日」民族教育・苦難の道
李　殷直著　4、700円
米占領軍による在日朝鮮人連盟の強制解散、朝鮮学校閉鎖命令に抗して民族教育を守り抜いた知恵と良心の闘いの記録！

282-4
新編 春香伝
李　殷直著　1、500円
韓国・朝鮮で愛されてきた熱く激しい愛の物語を、伝来の唱劇台本をもとに、民族の心を吹き込み、現代に蘇らせた小説。

◈現代の課題と切り結ぶ◈

324-3

「非戦の国」が崩れゆく

梅田 正己著 1,800円

「9・11」以後、有事法の成立を中心に「軍事国家」へと一変したこの国の動きを、変質する自衛隊の状況と合わせ検証。

286-7

有事法制か、平和憲法か

梅田正己著 800円

有事法案を市民の目の高さで分析・解説、平和憲法との対置により「改憲」そのものにほかならないその本質を解き明かす。

314-6

同時代への直言

●周辺事態法から有事法制まで

水島朝穂著 2,200円

9・11テロからイラク戦争、有事法成立に至る激動期、その時点時点の状況を突き刺す発言で編み上げた批判的同時代史！

242-5

この国は「国連の戦争」に参加するのか

●新ガイドライン・周辺事態法批判

水島朝穂著 2,100円

「普通の国」の軍事行動をめざす動向を徹底批判し、新たな国際協力の道を示す！

185-2

日本国憲法平和的共存権への道

星野安三郎・古関彰一著 2,000円

「平和的共存権」の提唱者が、世界史の文脈の中で日本国憲法の平和主義の構造を解き明かし、平和憲法への確信を説く。

184-4

日本国憲法を国民はどう迎えたか

歴史教育者協議会編 2,500円

新憲法の公布・制定当時の日本の指導層の意識と思想を洗い直すとともに、全国各地の動きと人々の意識を明らかにする。

189-5

劇画・日本国憲法の誕生

古関彰一・勝又 進 1,500円

『ガロ』の漫画家・勝又進が、憲法制定史の第一人者の名著をもとに、日本国憲法誕生のドラマをダイナミックに描く！

242-5

【資料と解説】世界の中の憲法第九条

歴史教育者協議会編 1,800円

世界史をつらぬく戦争違法化・軍備制限をめざす宣言・条約・憲法を集約、その到達点としての第九条の意味を考える！

327-8

「日の丸・君が代」処分

「日の丸・君が代」処分編集委員会＝編 1,400円

思想・良心の自由を踏みにじり、不起立の教師を処分した上、生徒の不起立でも教員を処分。苦悩の教育現場から発信！

138-0

「国際貢献」の旗の下、日本はどこへ行くのか

林 茂夫著 1,300円

中曽根内閣以来の国家戦略の流れを追いつつ〝背広の軍国主義〟の実態を暴く。

289-1

日本外交と外務省

◆問われなかった〝聖域〟

河辺一郎著 1,800円

これまで報道も学者も目をふさいできた日本の外交と外務省のあり方に、気鋭の研究者が真正面から切り込んだ問題作。

★ 256-5

「市民の時代」の教育を求めて

●「市民的教養」と「市民的徳性」の教育論

梅田正己著 1,800円

国家主義教育の時代は終わった。21世紀「市民の時代」にふさわしい教育の理念と学校像を、イメージ豊かに構想する！

◈〈観光コースでない——〉シリーズ◈

191-7
観光コースでない沖縄 第三版
新崎盛暉・大城将保他著　1,600円
今も残る沖縄戦跡の洞窟や碑石をたどり、広大な軍事基地をあるき、揺れ動く「今日の沖縄」の素顔を写真入りで伝える。

330-8
観光コースでない東京 新版
轡田隆史著／写真・福井理文　1,400円
名文家で知られる著者が、今も都心に残る江戸や明治の面影を探し、戦争の神々を訪ね、文化の散歩道を歩く歴史ガイド。

167-4
観光コースでないベトナム●歴史・戦争・民族を知る旅
伊藤千尋著　1,500円
北部の中国国境からメコンデルタまで、遺跡や激戦の跡をたどり、二千年の歴史とベトナム戦争、今日のベトナムを紹介。

192-5
観光コースでないマレーシア・シンガポール
陸　培春著　1,700円
日本軍による数万の「華僑虐殺」や、マレー半島各地の住民虐殺の〈傷跡〉をマレーシア生まれの在日ジャーナリストが案内。

198-4
観光コースでないフィリピン●歴史と現在・日本との関係史
大野　俊著　1,900円
米国の植民地となり、多数の日本軍戦死者を出したこの国で、日本との関わりの歴史をたどり、今日に生きる人々を紹介。

229-8
観光コースでない香港●歴史と社会・日本との関係史
津田邦宏著　1,600円
西洋と東洋の同居する混沌の街を歩き、アヘン戦争以後の一五五年にわたる歴史をたどり、中国返還後の今後を考える！

237-9
観光コースでない韓国 新装版
小林慶二著／写真・福井理文　1,500円
有数の韓国通ジャーナリストが、日韓ゆかりの遺跡を歩き、記念館をたずね、百五十点の写真と共に歴史の真実を伝える。

260-3
観光コースでないグアム・サイパン
大野　俊著　1,700円
ミクロネシアに魅入られたジャーナリストが、先住民族チャモロの歴史から、戦争の傷跡、米軍基地の現状等を伝える。

★ 317-0
観光コースでないアフリカ大陸西海岸
桃井和馬著　1,800円
気鋭のフォトジャーナリストが、自然破壊、殺戮と人間社会の混乱が凝縮したアフリカを、歴史と文化も交えて案内する。

323-5
観光コースでないウィーン●美しい都のもう一つの顔
松岡由季著　1,600円
ワルツの都。がそこはヒトラーに熱狂した舞台でもあった。今も残るユダヤ人迫害の跡などを訪ね20世紀の悲劇を考える。

343-X
観光コースでない台湾●歩いて見る歴史と風土
片倉佳史著　1,800円
台湾に惹かれ、台湾に移り住んだ気鋭のルポライターが、撮り下ろし126点の写真とともに伝える台湾の歴史と文化！